苦后甜慢慢尝

谨以此书献给我最爱的亲人和关心帮助过我的老师朋友们。

特别感谢母亲闵稚娟女士的学识、经验和启发性问题以及校对工作！

本书的问世是与母亲的支持与鼓励分不开的！

留美酸辣汤

——不一样的美国高中生活

彭硕楠 著

法律出版社
LAW PRESS·CHINA

前　言

在中国读完了初中二年级,2011 年母亲把我接到美国,从此踏上了许多人梦想中的天堂、幻想中的乐土,但对我来说却是艰辛而充满挑战的求学之路。在这次开往名牌大学的快车之旅,我体验的不仅有竞争和开阔的视野以及独立性和责任心的培养,更重要的是对人性和人生的深度思考。正如德国物理学家、量子论的奠基人普朗克(Planck)所说,“思考可以构成一座桥,让我们通向新知识”。

本书叙述了一个平凡的中国中学生在美国度过的平凡日子,也记录了一个身在他乡的普通青少年在心智成长历程中遇到的文化冲突,青春期与父母关系的摩擦,以及自我认定的迷茫。当然其中更有与全面发展的教育理念相随的甘甜醇美的青少年时光。随后的章节我将向广大读者讲述我在美国三年多来的所见、所闻、所思与所想。或许会带给您些许启示。

因本人年龄、语言表达能力和理解能力所限,以及在美居住的短暂时光,对某些问题的观察视角和分析的深度难以与成人相比。这里敬请广大读者包涵!最后提醒大家,本书所发表的见解仅代表我个人的看法,不具有任何权威性。

彭硕楠

2015 年 3 月
于美国康州

目 录 CONTENTS

1
日常琐事见文明

文明暖人心

（2011 年 8 月 16 日从飞机上俯视即将降落的新国度，
美国纽瓦克机场上空）

“你们几个跟我走”空姐招呼着，胸前佩戴“无成人陪伴儿童”标签的我，紧随几个刚刚坐在我对面的孩子们一起走向海关“机乘人员专用通道”。很快，我就忘记了起飞与降落时的不适，随我辗转反侧的座椅和同乘的那几个说着不错英文的小朋友。像电影《功夫梦》（The Karate Kid）中的 Parker 来到中国一样，坐在开往“新家”的车里，看着车窗外飞驰而过的建筑物和满眼的英文路牌，仿佛是在梦里，一夜间到了另一个半球，却还觉得，身在中国。不知道母亲当年独自踏入这个国度时，是否和我一样，有着恍惚的错觉。又过了两天，周围说着超快语速的外国人和美国乡下人烟稀少、空气清新的现实，确凿了我置身家乡千里之外的事实。

（美国马萨诸塞州 Sudbury 小镇）

Pomfret，我的新家，位于美国康州的东北角。康州——北接麻州，东邻罗德岛，西连纽约州，南部靠海。截至2010年，我来的前一年，这个组建于1713年的小镇上住着4247个人，其中95.7%是白人，亚洲人只有1.6%，所以，我在超市里、街道上、候诊室经常会遇到各种各样的眼光：稀奇、惊讶、感兴趣。

（美国马萨诸塞州 Sudbury 小镇）

（美国康州 Woodstock 镇上一所养着一千多头奶牛的农场）

为了过语言关，来美的留学生通常选择重读一年。我来的时候，刚好上这边的初中三年级。发现这边儿的初中生远不如国内学生成熟，就毅然决然地决定不重读，好早日脱离幼稚群体，升入高中（后来发现高中进度太快，就重读了高一）。SC 是镇上唯一的一所公立学校，从幼儿园到初三，一站式的，或者说是一条龙式的学校。

在全校 475 名学生中（初三全学年有 56 人，分 3 个班，每班 18 人左右），作为唯一的一个外国人，我时常感到孤独。特别是我的蹩脚英文对适应学习和生活造成的障碍，让我苦恼了很久。所幸，周围友爱的朋友们，用他们的文明礼节帮助我、温暖我。

（宾夕法尼亚州 Lewisburg 镇上社区居民万圣节装饰街角）

（某学校校园清雪工人在清雪）

“哨、哨、哨”来访的是从未见过面的未来的同班同学，Sydney，她父亲一手牵着一个她的妹妹，笑容可掬地站在门口。“听说我们班要来一个中国学生，欢迎！我家就住在附近。我在SC上了7年学了，很了解我的学校，开学以前，你有什么问题吗？……”（很高兴她说的英文，我都听懂了）接下来的半个多小时，Sydney连说带比划地给我介绍了学校、老师、课程安排，还有她热情的家人们。她的小妹妹，六七岁的样子，稀奇地打量着我，眼珠在我和我的中国乐器——古筝之间不停地转，仿佛在找什么链接。我领着她走到古筝前边，她用小手拨了拨琴弦，眼神里立刻跳出了和音符一样美丽的目光：赞叹、欣赏和神往！可能这就是“中国”给她留下的第一印象吧。

不幸的是，接下来，几十年不遇的飓风，推迟了学校的开学日期。更糟的是，漫长的9天停电的煎熬，磨灭了我对新学校的憧憬。我甚至觉得，这预示着我来美国的凶兆。

莎士比亚说过：“在宴席上最让人开胃的，就是主人的礼节。”三天的干粮冷食、没有热水的日子，让我这个习惯了热汤热水的“中国胃”甚至为一碗热汤而垂涎欲滴。要是能洗个热水澡，就是天堂般的享受了。生平第一次，深深体会到电能的伟大和它在我们生命生活中的重要作用！在手机的电耗尽，与外界失去联系以后，我更加恐惧会出现什么不幸。天黑了。圈在家里几天的我和母亲，决定到外面“转转”。外面雨小了，可是风还很大。我们俩用绳子绑住并连接彼此（怕被风吹走

了),在黑得伸手不见五指的外面“散了散步”。回到漆黑的房子里,觉得黑暗把一切都吞噬了:时间、热情和憧憬,剩下的只有恐惧、沮丧和渴望——对光明的渴望。我希望我能有《127小时》里的主人公百分之一的坚强、智勇和乐观。听说,他就是靠回想家人和朋友们的影像,支持他度过困在犹他州大峡谷中的五天并自救的。好吧,让我也来想想我的亲人朋友们……不知是几点了,我盯着“看不清”的天花板,“妈妈,你说我是不是不应该来美国?”“睡吧,明天就来电了”,妈妈说。

(电影《127 小时》海报封面)

早晨起来,还没来电。可是,听说附近一个小单位有发电机，可以去那里给手机充电。这消息像清晨照在墙上的日光，照亮了我的心。我和母亲步行到了那个单位——一个很小的三层建筑，一楼有个侧门开着。应敲门声而出的中年男子没等我们开口，就客气地说，“是来充电的吧？这边插销都插满了，到我个人的插排上来充吧（他随手拔掉了两个插销，空出来给我们用，像是给打印机或台灯充电的）。我现在出去办事，你们可以在这儿等，或者过一会儿再来取。我的门不锁，随时都可能会有人来拿他们充好电的手机”。我们惊讶地看着那人充满信任地离开了。更令人感动的是，随后的几天，这个“主人”用他的礼节，让我们开了胃，还洗了澡（美国乡村很多单位都有小厨房和带淋浴的卫生间）。我们借用他的小厨房，把我们冰箱里快坏的东西做熟（感谢我们那层楼的一个邻居，在飓风当天，给我们送来的冰——美国家庭中常常预备一些冰，让我们冰箱冷冻室里的东西还能吃）。那段日子里吃过的烤羊排，是我平生吃过的最好吃的菜！当然，我们没忘记给那位“主人”留了几块儿（因为我们做菜的那天他不在，只留了门给大家）。原以为，莎士比亚说的尽是台词儿。这次经历验证了“戏剧源于生活”。说不定是以前哪位“主人”的礼节，让莎翁开了胃，而留下那句至理名言。开了胃以后的我常常想：与人方便、帮助和信任是何等的高尚和珍贵啊！我说的那位主人，为我敞开的不是一扇普通的门，而是一个充满感恩回报与和谐的美好世界！

学校终于开学了。大家脸上都写着高兴。近三个月的暑假久别重逢，外加 9 天开学伊始的“额外小假”（美国公立学校要求全年上满 180 天的课。因飓风停电推迟开学 9 天，所以师生们只上 171 天就行了），他们觉得天灾让他们“占了便宜”。对于我，一天就等于一个月。在国内学的那点儿英文，还不到这儿小学生的词汇量。课上课下都云里雾里。开学没几天，因没听懂校车换了停车位置就被落下了（那天校广播里通知了什么，教室里乱哄哄的，“通知”说得又那么快，我没听清也没听懂），害得我花了一个多小时走回家。

说起校车，是我来美国注意到的第一个文明（全美国公立学校的校车都“长”得一样：黄色车体上带有几条黑杠，头顶上写“SCHOOL BUS”，车前后各有 4 个大灯，车身两侧各有一个可以伸缩的小牌子，上写“STOP”）。因为我的学校是一所从幼儿园到初中的连体学校，所以在校车车站等车的有各个年级的学生。车来了以后，大孩子自动站到一边儿，等小孩子上完以后他们才上车。上了车以后，司机看所有的人都坐稳了以后才开车。车上有大概 14 排双排座位，却只有一个上车门，所以等到最后一排座位上的学生坐好以后，通常要等个几分钟。孩子们上车期间，车两边的“STOP”小牌子伸开，前后 4 个大灯不停地闪，校车后边儿和对面儿的车一律都得停下等着（不论城市还是乡下），直到那个比红绿灯还好使的小牌子收回去，校车开动后，所有车辆才可以继续通行。校车前后所有等待着的司机都和车站上挥手告别的父母们一样有耐心，有的细数着车上和上车的孩子的数目，有的津津有味地看着这晨间告别小景，还有的面带微笑，似乎在回味自己当初车站送子送女的情形。我的母亲每天也站在手端咖啡杯、脚踏自行车车蹬的一群送子父母中(美国校车是到家门口接,所以有好多父母端着没喝完的咖啡出来送孩子)。虽然我们不像美国家庭那样亲了脸颊,说了“I love you!”再上车,但是我上车以后,把嘴贴在车窗上(好在我在最后一排,没人看见我做什么。我很害羞让别人看见我对母亲的亲昵之举)算是亲吻我的母亲,而且我知道我们深爱着彼此。(后来听母亲说,每次她看到我把嘴贴在车窗上,心理都很感动)那一年,我给过母亲多少个那样的“吻”,就有多少次我从校车前后等待的司机们那里学到了耐心。

尽管校车行程只有5分钟(我家那站是学校的前一站,很近),加上途中多次“车让人”的情况(在美国,特别是市郊和乡下,红绿灯少,也没有交警,大家都礼让行车,特别讲究“车让人”。只要你往路边儿一站,不管有没有人行横道线,来往

车辆马上停住让行人先过。因为人们认为在交通上，车“强”人“弱”，“强”者应该让着“弱”者。当初我母亲考驾照没考过，就是因为没给一个随便儿站在路边的人停车），大概六七分钟就能到学校，可我还是希望每天的车程慢点儿结束，因为我讨厌接下来的“走圈儿”活动。不像中国学校做早操，这儿的学校，早晨学生们在操场上慢走（或者叫溜达，溜达着苏醒，溜达中社交）。片儿区内同学了几年的他们，远远地议论着我这个外国人（不是我把他们伙呆了，是镇子太小，乡民们很少有机会看到外国人）。我的“走圈儿”像是在他们的监督下进行似的，非常不自在。关键是，他们议论什么我根本听不懂，所以更加觉得这个晨间“运动”难挨。“这个时候是中国的晚上 8 点多”我边打哈欠边想（奇怪，在国内早上 6 点 45 分都坐公交车出发了，怎么在这儿 8 点起床还困？）。“我的中国同学们正在做作业呢吧……”正回想着还新鲜的中国中学记忆，上课预备铃响了。我稀里糊涂地“摸”进我的教室，看见 Sydney 坐在十几位同学中友好地向我摆手（Sydney 肯定已经跟他们提了我，所以当我出现在教室门口时，没见谁做出瞳孔放大式的惊奇表情）。在国内数学 80 多分的我被分到了这里数学最高班，可是其他课我一概听不懂。美国的学校上课教室是老师不动，学生动。每一节课间 5 分钟，学生们都到走廊里的个人存物柜处，换取下一节课的书本用具（这使我想起，在国内第四层楼上课的我们，课间上厕所回班级的匆忙）。别担心，在这儿，上课期间任何时候都可以举手要求上厕所（开始时，我还不习惯上课举手要求上厕所，而且觉得举手就是要回答问题，所以几个星期来从未举过手，有尿也憋着课间去。后来也举手了，不仅是要上厕所，偶尔也敢回答点儿问题）。厕所是好多人用手机的最好地方，公立学校上学期间不可以把手机拿出来用（放在裤兜或书包里可以。憋了一天的学生们放学以后，像抽大烟的一样，立刻掏出手机“过瘾”。我见过有的人丢了手机比丢了钱还着急。老师们也用扣留学生手机这一狠招制服学生）。所以频频举手要上厕所的，大多都是急着发短信和上 Facebook 的。我还惊讶地注意到，绝大多数学生放学以后都把书本留在存物柜里轻身回家（老师很少留作业），所以他们把这个属于自己的小空间装饰得特别个性漂亮，尤

（学校走廊里的存物柜）

其是女生，柜子里又是镜子又是化妆品，课间那点儿时间赶紧“美化”一下自己，然后抓起课本就跑（匆忙间常常拿错教科书或进错教室）。

在注意到“hold the door for next person”这一小细节不久，我很幸运地结交到了我的第一个好朋友RJ。在学校去往餐厅、计算机室等公共场所，经常看到有人，无论男女老少，为走在他们后边的人开着门。这样的情形就像人们说“谢谢”一样普遍，不仅在学校，在商场、书店、药店、医院，哪儿都看得到。我学会了这一小礼节。有一天，打开学校走廊之间的一扇门，下意识地往后看了看，还真有一个人在后边不远处，看到我为他开着门，小跑几步上前，并说了句谢谢。他就是日后在历史课上经常帮助我的RJ——这个用他的关爱和理解陪伴我度过艰难的留学第一年的好朋友。之后的“走圈儿”他陪在我身边，随后他的朋友加入了，再往后连同校的小学生们也知道了我的名字（小学部和初中部的楼是连着的），他们在餐厅走廊存物柜处喊着“Sage”（我的英文名字）。有了朋友真好！

在中国，介绍家人的时候，没人会把宠物，像狗，算作家庭成员之一（美国人特别反感听到有人吃狗肉。我母亲以前的一个同事，她家里的狗自己睡一个屋，它的双人床的床单是白色的，自己还有一个游泳池。我妈妈说她的同事简直是个疯子）。在美国，十次能有九次半，听到人们像Ana（RJ的妹妹），这样说：“这是我爸爸Ed，妈妈Jo，哥哥RJ和Marco，我叫 Ana,这是 Missy(他们的狗)”。我情不自禁地用中文对狗说了句“你好”。他们全家都像 Missy 一样,歪了歪脑袋。我不好意思地补上一句“Hello”。RJ 的家,几年前从密歇根州搬到康州。转了几次学的他,特别理解适应新环境的困难。因此,对刚来的我,处处照顾帮助。他的弟弟妹妹也热情开朗。他在跨国公司里当人事部主任的妈妈,更是接受外国文化。周末的时候,RJ 和 Marco 请来小伙伴们,教我打篮球和玩儿棒球,陪我踢足球和游泳。他爸爸跟我练习英文对话还教我烤汉堡。不知不觉中,在像他们这样一些人的日常关怀和陪伴中,我走过了 2011 年。

2
复数第一次

无论成功与失败，“第一次”总是令人难忘。

一个人一生有多少个"第一次",留给我们美好的回忆,教会我们一些教训。有的影响了我们及我们对人对事的看法;有的改变或激发了我们;也有的是噩梦,从此纠缠不休。我现在要说的是,这几年我在美国经历的许多"第一次"。这里记录的复数第一次,不是简单的第一次去 Fair(集市)看动物、去 Big E 游乐园、去 Five Guys 吃汉堡包、去看牙医、画真人裸体写生、在 Halloween(万圣节也叫鬼节)刻南瓜和玩儿 Trick or Treat(万圣节孩子们挨家逐户讨糖果等礼物,如不遂愿便恶作剧一番的风俗),也不是收到第一个笔记本电脑或是第一部苹果手机作为礼物;或者是运动队选拔被刷的遗憾;是那些意义深远、值得分享、耐人寻味的第一次们。

(马萨诸塞州 West Springfield 一年一度的大型娱乐节活动)

（我在动物集市上喂小绵羊）

（这是我第一次刻南瓜）

从开始第一次自己组装运动滑板到后来的组装画架、钢琴、加湿器、食品搅拌机和户外燃气灶，从开始只看图（动手动脑）到后来细读说明书（练习英文的一种好办法），其中有失败（但没放弃），有安装步骤颠倒引起的小小意外，感谢母亲的信赖（其实是她不会安装）最终从零件到成品的成功，这些尝试"奖励"给我：耐心、信心和勇气——这几样宝贵的品质，日后将带给我更多的成功。

"明天我们要讲有关'西部牛仔'的内容。你们可以打扮成西部牛仔的样子来上课。"Mr. G，我们的社会研究课老师，下课前这样说。第二天，头戴牛仔帽儿腰扎皮带的 Kenan 一走进教室，我们都笑了。站在讲台旁边的 Mr. G 笑眯眯地说，"Kenan 今天的着装简直就是一个西部小牛仔嘛！"Kenan 一本正经地说，"别动……"说着，他掏出一卷儿绳子（"牛仔用的马套"），在空中晃了几圈儿，一抛，还真"套"中了 Mr. G，大家都笑爆了。我惊讶这种贴近、自然的师生关系。那一堂课是我听得最入迷的一节，我还发现，其实 Mr. G 很风趣。

被校车落下的事儿虽没再发生，可是不久，我却遭遇了第一次和老师顶撞的事儿。

“你！给我站到这儿来！坐这儿,不许动!”虽然我的英文不够好,但是从他的大呼小叫、凶狠的表情和眼神中,我感受到了歧视,一种肤色的歧视,我平生第一次感受到,只有自己才能感受到的那种受鄙夷。我气愤地冲出体育馆,身后传来体育老师的怒吼,“你给我回来!”我委屈地走到收发室,借用那里的电话(上学期间,学校不准学生用自己的手机)给母亲打了一个电话,“妈妈,你能来接我吗？我不舒服”。她答应很快就到。不知为什么,我没看到她来(其实她10分钟后就来了,被校长堵在了门外,校长说我撒谎,其实我没不舒服,是体育课上犯了点儿小错误,跟体育老师闹矛盾了。我妈妈只好离开了)。校长把我送回了班级。体育课还没完,我被罚坐在长椅上直到下课。RJ远远愤怒地看着体育老师。放学了,母亲迫不及待地打听到底发生了什么事。原来,上课的时候,大家玩儿一种游戏(那时我已经有了几个朋友):谁被“抓”到,谁就出局。我瘦小灵活,半天,还在场上活跃。已经下场的人,就嫉妒地出主意说:“咯吱 Sage,让他完蛋。”我听到了他们的馊主意,反其用之去“咯吱”剩下的几个人。有一个“坏小子”被我抓到。我刚伸过去手准备“咯吱”他,他就夸张地大叫,好像我怎么着他了似的,接着,他又躺在地上翻身打滚儿地装“痛苦”(其实我根本就没碰到他)。体育老师看见了,认为我“侵犯”了那个孩子的“人身安全或人身隐私”,就不分青红皂白地冲我大喊。我觉得老师特不公平。那么多小孩儿都逗来逗去的,怎么就喊我一个人？而且还歪鼻子瞪眼的,明摆着欺负我是外国人。更委屈的是,校长居然对我妈妈说我撒谎,没不舒服。我不舒服大了去了,是心里不舒服,难以言表的不舒服(真想用中文骂那个老师两句)。可是校长不但没放我走(让我跟我妈妈哭诉),反而把我硬塞回班级受罚,多屈辱啊!我真不知道那一天是怎么熬下来的(后边的课一律没听进去)!这是一次噩梦似的“第一次”。

有噩梦,旅途也要前行,谁让我选择了踏上这条远方的路呢?从此,本来就体育不佳的我,对运动更加提不起兴趣,只是偶尔周末跟 RJ 和 Marco 的朋友们玩玩儿。东方不亮西方亮,对艺术原本就情有独钟的我,用音乐和美术来弥补我运动方面的缺陷。在中国为主科课程让路的艺术,现在像长了翅膀一样飞回来(感谢美国的教育体制,使我有时间眷顾我的艺术老友)。业余时间里,我第一次接触了做陶瓷,打非洲鼓,弗拉门戈吉他和跳舞,还自学了吹葫芦丝(妈妈的一位朋友从中国云南买来的),打架子鼓。这些动手动脑动身体的艺术活动

像谜一样吸引我，有时我梦里都在弹琴跳舞。这种在中国想都不敢想的（更没有这样的资源）艺术享受和体验机会，填补了我的空闲时间，赶走了我的寂寞与孤独，使我免入网络、游戏的“魔爪”。鼓点、音符、舞步、绘画作品“讲述”的故事更丰富了我的人生内涵和对美的全方位理解。

当然，我也不是完全跟体育绝了缘。我也去健身房，学打壁球和游泳。这些也都是第一次，可这些，从未让我体会到震撼。为进校壁球队，我参加了两次壁球夏令营。虽然身体够灵活，但体力不支的我，总是未能如愿。私下里也苦练了不少，最终还是知难而退了。不觉得可惜（有时放弃是明智之举），也没啥丢人的（尝试了也努力了），更没必要“坚持”在自己的弱项上找苦吃。我用做这项运动的时间（壁球是我们学校冬季学期的运动，每天放学学生们都做一至两个小时的运动）探索了一个新的领域——戏剧。

听母亲说，我爷爷是哈尔滨冬泳运动的发起人之一。爷

爷热爱和擅长的两项运动是游泳和山地自行车。他有好几台自行车，最心爱的意大利原产自行车不到6公斤，精致帅气专业，每天跟他睡一个屋。我小时候常常听他说，这么好的车子舍不得骑，将来留给我孙子骑（小时候我在那辆自行车车边晃悠，爷爷都不眨眼睛地看着，怕车砸着我，也怕他的车有什么“闪失”。长大了，我也不敢受用，不够专业不说，猫着腰骑完了，我比车都累）。夏天，爷爷几乎全天泡在松花江——哈尔滨的母亲河里（退了休的他早饭后出门，带着午饭，到晚上才回来，跟上班似的）。爷爷救过很多落水者，江上没有不认识他的（大家都叫我爷爷“老彭”。有意思的是，我爸爸的朋友也叫我爸爸“老彭”，而我从上初中开始，同学们就“亲切”地叫我“老彭”了。要是我们三个“老彭”凑到一块儿，一定会给我们的朋友们造成称呼上的困难）。60多岁的时候，我爷爷游半个松花江还不在话下呢。看着他对自己晒得黝黑的后背那股自豪劲儿，我怎么也不能理解他对运动的狂热与坚持。可惜，他是我们家唯一体育好的。我父亲怕水，我也最多蹚蹚没过小腿肚子的小河沟。直到2012年3月开始学游泳，我才真正理解为什么爷爷那么喜欢游泳，可能因为我们出生前都是在母亲肚子里的羊水里生活，所以对水有一种熟悉的热爱和安全感吧。反正，肢体被水的压力包围着的感觉，特别让人轻松舒缓。之后的半年里，我几乎天天都游2个小时。至今游泳也是我最热爱的体育运动。爷爷应该为此高兴吧！

（这是我第一次学会游泳，在学校旁边的游泳池巩固我的泳技）

虽然初尝了打壁球的新奇和发觉了游泳的乐趣，但这些第一次都不及我第一次看戏剧给我的印象深刻。这里说的戏剧就是话剧，有时也带歌舞。那次是去罗得岛的州府普罗维登斯（Providence）看莎士比亚的《李尔王》。虽然百分之八十的古英语台词都没听懂，可是我却很喜欢那种把历史和生活再现在舞台上的真实震撼的感觉（那个为艺术“献身”的演李尔王的老年演员，在演到李尔王晚年一无所有，躲避于风雨之中那一幕，突然脱光了衣服，吓了观众一跳。那是我第一次看到真人在大众面前一丝不挂。那位演员站在“雨”里痛哭，舞台上方设置了一个喷水的装置，他用裸体的方式表现李尔王从“王”到“一无所有”。听我们带队的戏剧老师说，很多演员演过《李尔王》，脱光的还是头一个。这是那位演员对“李尔王”遭遇的特殊刻画。后来得知，那位演员是我们带队的戏剧老师当年在大学的戏剧老师，一位至今仍活跃在美国戏剧界的有名的八十多岁高龄的戏剧演员）。

回来以后，我查了中文版《李尔王》的背景和简介，才知道那些戏剧演员把历史演绎得真不错，真想再看一遍那部舞台话剧。可是，记台词儿这一巨大挑战，搁置了我尝试戏剧，直至两年后我决定用戏剧“代替”壁球，才有了后面的故事。

(学校戏剧系带领同学们去罗德岛州府普罗维登斯 Providence 大剧院看莎士比亚的名剧《李尔王》。图中前排左数第三位,单膝跪下的白胡须老人就是演李尔王的男演员。我站在第二排右数第一个,前面的是我妈妈)

2014 年的暑假,我去了 3 个小夏令营,在其中一个为期两周的艺术综合班里,我第一次初试了戏剧。班里八九个学员里,只有两个男孩(算上我)。大多数人都从未接触过戏剧,大家都很害羞也不知道怎么表演。两个戏剧老师(他们都是学戏剧专业的在校大学生)给我们每人一个假面具戴上(以减少害羞感),让我们每一个人用哑剧表演一个社会问题。然后大家评论每一个短剧。之后,再向老师和他的搭档表演的样本学习肢体语言、眼神传达、表情变换等。我从来没有过这样的经验和机会，用“表演”这种方式来言情达意，更别说表现社会问题了，还是用肢体！社会有哪些问题？社会有很多问题：教育、腐败、环保、贫富差距等，太多问题了！我表现哪个？哪个都不可能用一两分钟就表现得完！每个国家都有各自的社会问题，我是表演某个特定国家的呢？还是表演常见的呢？一时间，我脑子那叫混乱啊，想得我抓耳挠腮，大小脑都抽筋儿了。好在表演的是哑剧，要是带台词儿的，我更不知说什么好了。不过，世上没有过不去的坎儿。最后我还是憋出了个Bullying（以强欺弱的行为）的题目。我知道演自己演得很差，可我发现他们都演得不怎么样，心理就平衡多了。当然，从观摩别人和老师的段子里，我们都学到了很多，不光是表演技巧本身，也有对社会问题的深度、多角度思考。比方说，有的学员演的是“校园早恋问题”、“公共场所的安全问题”等。事后，母亲夸我了不起，又迈向了一个新领域。我正沾沾自喜呢，第二天，戏剧老师带我们去了附近一家饭馆儿，不是去吃饭的，是要我们观察客人的一言一行，并记录下自己感兴趣的对话。又是个第一次，我像做贼一样，“偷听”人家的对话，离近了吧，不太好；离远了吧，还听不清；再加上人家边吃边聊，嘴里嚼着食物，语速又快，所以又是一番抓耳挠腮。回来以后，老师叫我们用“听”来的对话写一小段剧本。哇噻，这么难！对我这样基本没听到什么的，不就死定了吗？还是用英文？（用中文瞎编一个，还差不多）不过，你猜怎么着？这人呢，就像“挤香油”，挤挤，东西就出来了。我运用想象，把听来的有关 pancake（一种美国早餐薄烤饼）的一段男女对话，写成了一个“现实 + 科幻”的小段子（参考了 Chopped——美国的一个电视厨艺比赛节目的创意）。写完了以后（虽然语法错误满篇），长出了一口气，觉得也没什么大不了的。其实，我还真挺喜欢这种实地考察型的学习方式和突然袭击式的现场发挥。同时也感激戏剧老师培养我们细致观察生活的好习惯。

（2013 年 8 月麻州 Lenox，Tanglewood 音乐厅我与钢琴演奏家郎朗先生合影）

像球迷期待一场重要的现场比赛一样，2013 年 8 月的暑假美术夏令营一结束，我就迫不及待地去麻州 Tanglewood 演奏厅观看钢琴演奏家郎朗的音乐会。母亲半年前订好的票，我们驱车将近 3 个小时（途中走错了，要不然两个半小时）。到场后不到一分钟音乐会就开始了。那是我第一次近距离（第七排）看郎朗本人现场演奏。他娴熟的技巧、独特的表演风格和对各乐章的艺术处理，博得了全场持久的喝彩（返场数次）。他那天演奏的钢琴协奏曲，我在网上看过很多“大家”弹过，也包括郎朗本人弹的，可是只有现场音乐会带来的那种震撼才更真实。有趣儿的是，当郎朗加演 Flight of

Bumblebee 的时候，恰巧有一只飞蛾在钢琴上空飞。那只飞蛾神奇地伴着郎朗的演奏忽高忽低地起舞，仿佛听得懂郎朗手中"飞"出的那只大黄蜂在说什么。乐曲终了，飞蛾就"高兴地"飞走了。我也得到了一个意外惊喜——跟郎朗先生的合影留念，满意而归。音乐真是神奇，音乐带来惊喜！

我第一次被人家请去，过美国的感恩节和第一次被请去演出古筝有相似之处。前者是人家给了我惊奇，后者是我给了人家惊喜。那是与 Wesleyan 大学的中国民乐乐团的合作（自 2012 年至今，我作为特邀演员每年参演他们的春季音乐会）。当我演奏完《将军令》的时候，在观众席中，我又看到了我同学 Sydney 的妹妹眼中跳动过的对中国音乐的赞美和神往。虽然，我没有郎朗先生的大家气派，但深为能用中国民乐表达我的心声和对音乐的感悟而感到欣慰。更有意义的是，通过音乐，我结交了欣赏和对东方文化感兴趣的各国朋友们，通过他们我也吸收了西方音乐的文化内涵。

每年 11 月的第四个星期四是美国的感恩节。本着林肯总统初设这个国家节日的意义——促进美国南北统一，所以，现今的美国人在感恩节前夕，都天南地北地赶回家团聚。意义上有点儿像中国的中秋节，更像中国人春节回家团圆的风俗。这一天，家家都置备一桌丰盛晚宴（之后几天都不用做饭，就吃剩饭剩菜）等待亲人团聚的时光。像鱼和饺子在中国，火鸡是感恩节西餐桌上的主角儿（美国总统每年都会在感恩节这天赦免一只火鸡——不被杀）。火鸡肚子里塞上各种调料和拌好的面包块,与火鸡整个入烤箱烤。其他传统菜肴还有土豆泥、越莓酱、甜玉米、南瓜派和蔬菜。很多人还趁此节日,以不同的形式给社区捐献,这些活动都是群众自发自愿的:有的多烤出一只火鸡;有的买水果和蔬菜;有的烤点心配上自制的饮料或葡萄酒。他们把这些东西送给附近的穷人,让他们也过个好节日。七八斤的火鸡算是小的。大的,烤熟以后要用电锯割开(通常男主人切片,女主人分发)。火鸡漂亮的羽毛下有两种肤色:身上的白肉,翅膀和腿上 的“黑”肉(不是纯黑,有点像红烧鸡肉的酱油颜色)。光烤火鸡就得一大天,烤几个小时以后,就得拿出来刷点儿酱,翻面儿再烤,麻烦得很。对视时间为金土的美国人来说,也就是这个节日,值得人们把时间都花在厨房里。有很多父母为迎接远方回来团聚的儿女们,提前好几天就购物、布置、精心准备烘烤点心。在他们看来,花掉的每分每秒都倾注着他们对儿女们的爱。天下的父母都是一样的伟大啊!热情的美国人邀请单身的人和远离家乡的人共度这个佳节,是常有的事儿。我和母亲就应邀去了一个朋友家里过感恩节,亲眼见到了这一美国传统节日的庆祝(我还学会了用餐巾折火鸡),其中包括餐前的祷告——每个人都手拉手,从男主人开始逐一说出自己“感谢”的真心话语,气氛中透着庄重、感激、温暖和爱。我记得那位主人是这样说的:“感谢 Sage 和他的妈妈今年加入我们一起,庆祝这个节日!”多么质朴的餐前“感谢”啊!主人的真诚感动了我,使我不禁回想起飓风期间,那位给予我们方便的友好的“主人”。

感恩节次日,被称作“黑色星期五”,就是商家(像 Macy’s, JC – Penney, Target 等)大打折的日子,多半商品都打五折以上,所以很多美国人半夜就起来排队以购买物美价廉的商品。商场“黑色星期五”那天通常提前开门,早上 4 点到 6 点开门。半夜或快开门的时候,商场保安发号。商场开门以后,凭号购物。因商品打折是有数量限制的,所以很多老百姓半夜就起来排号。这也逐渐成为感恩节的一种新习俗。听说现在中国也过很多外国的节日。感恩节就是一个很有教育意义的节日,值得借鉴。孩子们可以学习换位思考,理解和感激他们的父母;成年人也可以学会互相体谅,增进人际关系的亲密度和和谐度。

Momix 是一个幻觉派舞蹈团,始创于 1981 年华盛顿和康州。该公司代表美国参加了欧洲文化中心举办的“纪念毕加索”(Homage a Picasso)的文化活动。其独特的编舞和艺术设计,结合现代高科技的舞台效果,已经为 55 个国家的观众,在

影视和戏剧领域奉献了无数精美的视觉大餐。如果你有兴趣,不妨看看电影 The Company 和 White Widow,里面的舞就是 Momix 的舞蹈指导编排的。

(Momix 舞蹈团的宣传海报)

2013 年我终于有机会亲眼目睹了他们的一场演出,那种熟悉的震撼和感动,久久萦绕在我的心里和脑海里。从此我跟舞蹈结下了不解之缘。有人说,一个男孩子,跳舞没啥发展。我没想那么远,也许不晓得“发展”的真正含义:是指将来

（我是学校舞蹈公司第一个开独舞表演的学生，前面中间的和后面屏幕上的是我）

的事业？还是成名？或是养家糊口？反正我知道，能做自己喜欢的事是一种幸福（感谢不功利的母亲对我的兴趣的支持）。有多少人长大以后，因为各种“现实”，不得不放弃自己的兴趣。更可怜的是，很多儿童和青少年的兴趣，被繁重的学业“掩埋”了，使他们没有机会尝试、发掘和追求他们的兴趣。听听近百年前，前苏联教育家苏霍姆林斯基（1918—1970年）的这段话吧：“不能把小孩子的精神世界变成单纯学习知识。如果我们力求使儿童的全部精神力量都专注到功课上去，他的生活就会变得不堪忍受。他不仅应该是一个学生，而且首先应该是一个有多方面兴趣，要求和愿望的人。”15岁的我，第一次发现舞蹈的高雅和神秘（也许51岁的我还会发现什么新兴趣）。随后我很幸运地接触了Hip Hop，Modern，African，Tangle，Salsa，Ballet等不同风格的舞蹈形式（从师于几个不同风格的舞蹈老师）。2014年11月我在学校首演了我的第一部自编自演的现代舞，Younger（感谢麻州的乐队，The Townmeeting，前来伴奏，以及Connecticut College的舞蹈教授作为特邀嘉宾跟我合跳的双人舞）。

（左边是我的舞蹈老师，右边是舞蹈嘉宾，中间是我）

同年同月感恩节期间与当地舞蹈公司 The Complex 的合作，The Nutcracker（胡桃夹子），是我的第一部面向社会的舞剧公演（连续上演三天，吸引了上千名观众前来观看）。史学家认为“舞蹈是艺术之母”。舞蹈动作的象征意义，对个性、信仰、时空的展示，对点线、刚柔的表现，特别是那种“神似”的艺术境界（看过 JABBAWOCKEEZ 表演的人们都会遐想连篇），使我们从中领略了不同国家和民族的文化和人文观念。不敢品评史学家对舞蹈艺术的地位的界定，但我却百分之百地赞同舞蹈这种无声胜有声的高雅艺术，在我们的文化、文明中有着不可替代的作用！

在中国，豚鼠（就是荷兰猪）、仓鼠，凡跟鼠字沾边的，无论如何也不会成为家常菜。可是在南美一些国家像秘鲁、厄瓜多尔，这类动物千百年来都是人们的盘中美食。2011年年底，我家入住了3只可爱的荷兰猪，一只黑的，一只黑白花的，一只黄白花的。

（我家的三头“猪”）

不像狗——得遛，猫——挠木制家具（特别担心挠我的古筝的琴凳凳腿），兔子——尿骚，鱼——得勤换水或者需要氧气泵，荷兰猪——气味不大，不喜动，省心得很，而且一年中大半年的时间，回家路边摞一把青草就够吃了（有时干脆把它们放在门前的草地上吃个够）。养宠物的最大优点（用我妈妈的话说）就是培养我的责任心。大家都认同，养任何宠物都能培养孩子的爱心和责任感，还能给孩子找个伴儿。（现在的孩子很孤单啊!)换水、喂食、打扫粪便这些日常琐事,哪天不干都不行。正是这些吃喝拉撒的常规,让我贴近了我家那“几头猪”,理解了它们的需要,并产生了一种被依靠被信赖的自豪感。我还记得第一次给它们洗澡(可能是它们平生第一次洗澡吧),它们吓得嗷嗷叫(恐惧地睁大眼睛对我说,“我的妈呀!这是把我弄到哪儿了?快放我出去!”),把我也吓坏了,惊奇地发现原来他们还会叫(后来发现它们饿的时候也叫,是渴望兴奋地叫,不是恐惧式嚎叫)。就像喜欢玩儿水和玩儿沙子,小孩子天生就喜欢和动物接触,他们那种本能的“勇敢”(多大动物都敢往前凑合)和对动物发自内心的关爱和信任,常常被大人们解释为天真无知或幼稚。比如,小孩儿们跟动物说心里话,为动物生病而担心,为他们的死亡难过掉泪。大人们要是跟动物说话则被认为是傻子或疯子。我小的时候,二姨(多亏我母亲那一代不是“独生子女”的时代,所以我才有大姨和二姨)养了一只小狗叫“明明”。我二姨对狗可好了,天天“狗儿子”长“狗儿子”短地跟它说话。她为自己是一个称职的“狗妈妈”而自豪(膳食调理,每天她陪狗或者说狗陪她散步,跟狗玩耍),并且不管我二姨夫愿不愿意,给他安了个“狗爸爸”的头衔儿。“明明”是我最喜欢去二姨家的理由之一(当然,还有她精湛的厨艺。她比我妈妈还宠我。我妈妈在美国的那几年,我心里总把二姨当成“妈妈”)。我看到二姨跟狗说话,也学她跟狗小声叨咕着什么。我姥姥看到二姨跟“明明”说话,就说二姨是“精神病”。其实不论是大人还是小孩儿，他们与动物的语言交流都是一种情不自禁的爱的流露。有趣的是，人，在人与动物之间的爱中，并不期待对方—动物的回报。换句话说，人对动物的爱是无私的。那为什么人对人付出的爱，要索取或者期待对方的回报呢？——当然父母之爱除外，他们的爱通常都是无私的。

我的家乡哈尔滨，虽然没有北京上海那么繁华，毕竟也是个大城市。在 Pomfret 这个闭塞的小镇待久了，还真觉得有点憋屈。虽然也曾有机会跟校车去纽约转了一圈儿，可匆忙间只逛了时代广场和洛克菲勒中心，最后在中国城解了一顿馋就回来了。机会来了。2012 年春天，SC 组织全体初三学生去华盛顿旅行一周。那是我来美国以后第一次出远门，虽然跟从中国到美国这趟远门在里程上没法比。为了节约开支（旅游费由学校承担一部分，其余的都是家长们的捐款和学生们义卖赚得的收入），我们一行七八十位师生坐四辆长途客车，花了两天一宿的时间，才开到首都华盛顿（坐飞机才一个多小时，可是机票太贵了）。途中我们住宿在一家宾馆里。别说我，就连很多美国孩子也是第一次跟小伙伴儿们同住一个宾馆。大家那个兴奋呀，东屋串西屋，聊天聊地，真是个难忘的夜晚！我和另外两个美国孩子同住一个房间。我住下铺，上铺的“大个子”晚上要开着空调睡。空调挨着我的头部，所以我坚决拒绝开（担心自己会被空调吹成鼻歪眼斜）。他说他热，我说“谁让你长得满身都是毛？”（气得他直翻白眼儿）他说换床，我说“我怕睡上铺晚上掉下来”（他一脸无奈地看着另一个面无表情的“中立”同屋)，犟了半个多小时，最后他还是汗流浃背地煎熬了一晚(可是后来，我和“大个子”居然成了朋友)。第二天起得早，有好几个同学车开出去老远了，才发现把这把那落在了宾馆里。自己都没经验照顾自己，更别说照顾物品了。这仅是一个小教训而已。在首都，我们参观的越战纪念墙、华盛顿纪念碑、林肯纪念堂和白宫(只在外面看的)给我的印象最深刻。那些历史课学到的东西与实景结合起来，变得更加真实可信和有意义。当时我想到了气壮山河的长城、规模宏大的兵马俑、饱经战火的圆明园和明清朝代的皇宫——故宫。背着背包踏在远行路上的我，对祖国的那种自豪眷恋和思念也变得更加清晰、真实和有意义。

3
公立与私立不同之所见

公私只有不同之分，没有好坏之别。

美国的公立学校和私立学校有很多表面上的不同。比如,私立学校每班人数比公立学校少得多(公立学校平均每班20~25人,私立学校平均每班5~10人);公立学校全学年要上满180天的课,每年休的假远远少于私立学校;公立学校通常比私立学校早上课1个多小时(我觉得早起1个小时对青少年身体成长有很大影响),当然也早放学1个多小时(公立学校早7点半上学下午2点放学,私立学校8点半上学3点半放学);公立学校学生背景比较复杂,私立学校大多都是有钱子弟;公立学校的学生大多数上学稀里糊涂,对上大学找工作这样的前途,想得不是很多,多半儿是"走一步,看一步"的态度。私立学校的学生接受教育的目的明确,对未来规划得很早;上私立学校要面试,公立学校不用;等等。然而二者更有实质上的不同。下面分别来细讲。

因大多数老师和学生一样住校,私立学校的老师随时随地都可以找得到(学生们有不会的问题,放学以后晚上去老师家免费补课的事儿常见);私立学校有 advisor - advisee 小组(通常一位老师在生活学习各方面帮助和关心五六个学生一直到他们毕业。学校生涯中的几年里,这种关心是全方位的、持续的,包括和家长及时沟通,解决各种各样的问题等);私立学校有个叫 College Counseling 的办公室,办公室的老师专门负责帮助高四学生申请大学,他们主动约见每一个高四学生,一对一面对面地讨论详细的大学申请计划和步骤,直到帮他们找到最适合的大学为止;私立学校的老师在教学上有很大的自由,教学大纲的制定和教材的选择权都在老师,比如,同样教高一英文,甲老师这样教,乙老师那样考,并没有一致的规定。老师们不但可以自由选择他们认为合适的教科书,而且上课的地点也不局限于教室,有时在咖啡馆儿、有时在草坪上或树荫下、有时去老师家、有时在博物馆。私立学校的老师更有可能制定适合个体学生学习能力的教学计划,比如给接受能力强的学生分配难度大一点儿的任务;对理解力弱的学生调整教学进度和作业要求等。私立学校的学生除了申请大学以前要考SAT(美国的高考)以外,其他学年不用参加州里的统考;私立学校放学后的两个多小时的体育训练(外加一周一到两次的体育比赛)是命令式的,每个学生都必须参加(对那些不上场的替补队员真是浪费时间)。即使不做体育运动,这段时间内也有别的活动必须参加(比如,社区服务、体育馆健身、戏剧、舞蹈等。总之学生的自由时间比较少)。私立学校对学生参加小教堂活动也是强制式的(不管有没有宗教信仰都必须参加,没有宗教信仰的人比较不服气)。私立学校一个星期至少有一次全校师生一起进餐的机会(据说这样是为了增进师生了解,尽管绝大多数学生不喜欢——他们更愿意跟自己的小伙伴们一起吃顿轻松饭)。私立学校暑假的时候要求阅读几本书,并要求写读书心得(又是一个强迫性要求)。私立学校的学生在假期的时候,很多出去旅游或是参加各种夏令营(打工的不多)。私立学校入学要经过筛选(面试、成绩单评估、SSAT分数、留学生的托福成绩等,都在录取的天平上占有分量)。私立学校的家长被看做学校的一部分(家长们会得到孩子学习成绩的及时汇报,当然家长也会被"邀请"给学校捐款),因而家长们觉得他们有"权""干涉"其孩子们的学习(频繁地与任课老师、宿舍老师、指导顾问和教练联系,以第一时间获取孩子的成长信息)和学校的计划(评论、参与学校计划的制订与实施,特别是那些捐了款的家长,更有发言权)。私立学校的孩子们大多穿名牌儿衣服(具有马球精神品牌的保罗休闲衫、ELLE女装、Dior香水、路易威登旅行箱、Boss西装、皮尔卡丹皮带、阿迪达斯和耐克运动服等处处可见)。跟重视体育一样,私立学校也看重美育教育(美术课跟数学、英语、历史和科学课一样,每天一堂)。

公立学校都是走读生,没有宿舍管理这方面的负担和开销;公立学校一般从高二开始就进行州统考(不合格的,学校放学统一给补课,直到考过去为止);公立学校放学后的体育活动是自愿的,参加课后体育训练的都是擅长体育的学生。但是平时上学的时间里,一周有两三次体育课排在日常课程表里;公立学校绝大多数学生,不得已才选美术课和音乐课(通常一周上一到两次),因为学校规定每个学生毕业以前必须修几门艺术课的学分;公立学校的老师要持教师资格证上岗(每个州都有自己制定的教师资格考试,跨州找教师工作,要考当地那个州的教师证。听母亲说教师证很难考。而去私立学校只凭学历学位证书就行,跨州教学也不受限制);公立学校有一个办公室叫“顾问咨询办公室”(Counseling Office),它和私立学校的 advisor - advisee 小组不一样。一个顾问负责几十个学生(按学生的姓的首字母分配,比如,顾问 Nancy 负责所有姓的首字母是 G 的学生)。在公立学校,一般都是顾问老师约见学生,通常约见的理由都是违纪的情况,没有“大事儿”的时候,学生和老师都一切太平——谁也不用见谁(我在 SD 的时候,SD 是我来美国上的第二个学校,就被叫到 Counseling 办公室好几次:有质疑老师的“罪”、有上课用手机的事儿,还有成绩下滑的问题。等我第二次违反手机使用的规定时,就被送到了教导主任办公室,手机被暂时没收了,放学挨了留,家长也收到了学校发的对我的惩罚和警告信)。这个办公室也负责帮助高四学生申请大学,可是需要学生主动找顾问老师商量;公立学校的老师要遵循州教委的规定进行教学安排,教材和考卷都是统一的,有时甚至哪本书哪个学期教到哪一章都有明确规定,老师在教学大纲上是不能“越线”的,对学生的学习能力应该“一视同仁”;公立学校师生的自由时间都比较多,放学后想找到老师的人影儿很难,放学铃声就是他们的下班铃声,学生们都自觉地不去“打扰”老师的私人时间(我母亲曾经告诉我,她执教过的一所公立高中,放学铃声响过 10 分钟后,走廊教室里一片安静,校停车场里的车位一下子就空下八成);公立学校的书本都是免费的(教材循环使用,毕了业要把书交还给学校,教材上不得乱画或记笔记,教材丢了要赔偿);公立学校的学生不仅是假期,平时上学的时候,打工的情况也很常见(多亏他们常常没有作业或作业很少)。

这里插讲一个小故事:记得一个下雨的清晨,母亲送我去上学的路上,被一辆捷达追了尾。那个撞了我们的男孩子跟我同校也在SD上学,那年他高四。后来得知他从上高二的时候就每周打工20个小时,为自己攒上大学的学费。他说他爸妈跟他有"协定":父母负责支付他两年的大学学费,他自己负担另外两年的。所以他计划高二到大二四年时间里自己打工赚钱来交自己大三和大四的学费。他告诉我那惊讶的妈妈,他已经很知足了,绝大多数美国孩子都靠贷款来支持自己上大学,这里说的是银行助学贷款,就是学生满17岁,以个人信誉向银行贷款,大学毕业后5~20年内连本带利偿还。为平衡上学和打工,他得了失眠症。难怪清晨他在每小时35英里的路段上,还反应不过来刹车。更发人深省的是,联系修车和赔偿事宜都是由他自己处理的,他父母根本没参与。事后母亲告诉我,他用自己打工赚的钱付了修车费。那年,他17岁。

公立学校孩子按片儿区就近入学,无须考试,智障畸形伤残儿童都不能拒绝。学校为这群孩子雇用专门的老师(他们都凭特殊证书上岗),提供特殊的教学仪器,安排指定的教学场所;前面说过公立学校的学生背景复杂,其中有很多父母离异的单亲家庭。有的父母双方都不愿承担"负担"的,孩子就跟爷爷奶奶或姥姥姥爷住。还有很多在最低收入标准下的贫困家庭，靠政府救济金生活（好在公立学校不交学费和书本费）。这些家庭的孩子，连午饭都是政府花钱（一个学校里越多孩子吃“免费”午餐，有时甚至吃“免费”早餐，该学区越穷，学校的教学质量就可能越差。所以不要以为某个学校有免费午餐就是个好学校。政府是根据学区的贫困程度拨给学校餐费的）。这样背景下的家长们通常关心的是孩子们在学校受没受欺负，肚子饿不饿，而不是关心孩子的学习成绩或学校提供什么课外活动。

这里，我想特别提两句公立学校里教“特殊”孩子们的“特殊”老师们（Special – Education teacher）。我在SD（一所半公半私的高中，后面再做详细介绍）的时候，看到有些老师推着残障推车接送一些畸形孩子换教室、上厕所，帮他们提书包拿饭盒。在专门为他们设置的教室里，有各种各样的孩子：有的，表面看起来正常，一说话就能看出智力有问题；有的，嘴歪眼斜流着口水，思维却正常；有的，前面老师上课，后面满地转悠，嘴里还喃喃自语；有的，老师得专门不错眼珠儿地看着。不过有一点，我看到的和我母亲在她以前工作过的公立学校里看到的都是一样的，就是那些“特殊”的老师们都超级和蔼和有耐心。他们/她们不厌其烦地一遍遍重复着简单的教学内容，对常常“犯纪律”的孩子们是那么的宽容，脸上带着微笑，眼神里透着爱。这些景象在私立学校是绝对看不到的（私立学校不收智力低下儿童）。我觉得让智障儿童接受教育，不仅是对他们的人权的尊重，而且把他们安排在普通学校里，既能让他们觉得自己没被社会抛弃，对我们这些正常儿童也会起到教育作用。我每天看到他们，就真切地感受到四肢和头脑健全的幸福。刚开始看到他们的时候，我觉得有点害怕，还躲得远远儿的，后来转为同情，再后来也停下来跟他们打打招呼或是点头微笑一下。我希望有一天他们能感受到我，当然还有很多其他人，对他们的包容和接纳。我每天看到推着残疾车的老师们也有所感慨：他们/她们脚下随车轮延伸的路是多么的平常却又多么的伟大啊！说不定哪天，他们推着的轮椅上站起来一个“加入”我们这群正常的孩子们当中。从某种意义上来说，我觉得他们/她们，作为教育者，更值得我们尊重。可遗憾的是，这些老师们通常在学校里的地位不如教正常孩子的老师们的地位高。

（一所普通公立学校的 Special－Ed 教室）

那么公立学校靠什么运行呢？每个城镇里的公立学校都靠老百姓缴纳的税收来维持。听母亲说，美国的税收分联邦税、地方税、财产税、社会安全税、医疗税，还有消费税，等等。这些钱在美国纳税人的工资到手以前，就已经被扣走了（据报道，美国联邦税收的85%来自老百姓的个人所得税）。不管哪种税，每个纳税人挣得越多，扣的税就越多。每个家庭孩子越多，交的税就越少（一个孩子可以减免1000美元工资收入要上缴的税收），而他们享受的福利却越多（举个小例子，一个四口之家年收入低于5万美元，而且有两个17岁以下的孩子，不但不需要缴纳联邦税，反而会得到联邦政府的补贴）。下面的表格列举了美国八个工作阶层平均每年的工资收入。其中99%的人平均年收入是56,200美元（就中产阶级而言，人均年收入是4万美元）。

美国从业者阶层（从上到下）	人均年收入（以美元为单位）	占国民总收入的百分比
第一层占1%	1,328,000	20.4%
第二层占4%	245,000	14.2%
第三层占5%	141,000	10.2%
第四层占10%	100,000	14.3%
第五层占20%	66,000	18.9%
第六层占20%	40,400	11.6%
第七层占20%	25,000	7.1%
第八层占20%	12,400	3.5%

以上数据摘自刘植荣博客，http://blog.sina.com.cn/zhirong，2010年4月26日访问。

国家每年分配给每个公立学校一定的运转资金以覆盖学校的基本开支（包括老师的工资）和基本设施的运行（如校舍

改造、实验室和计算机房的设备、体育馆的器材和医务所的仪器和药材等)。如果某个学校教学质量好(比如全体学生都通过并超过州统考的底线),还可能向政府要到更多的拨款(给老师发奖金,给学生搞活动)。公立学校的校车(包括接送残疾学生的特殊交通工具)的购买、维修、更新、雇用司机、耗费的汽油,师生的教材和教学用具,校餐厅午饭对老师的折扣和对贫困学生餐费的减免(饭钱打折,菜饭质量并不打折。我在SC的时候,2.50美元吃得饱饱的,有时还免费添一次餐盘。到了SD饭量增了,才花4块多美元)。一切都享受政府"报销"的福利和待遇。既然教育是免费的,而且纳税是义务的,那老百姓就自然而然地为子女选择公立学校(扣了税,却另花高价学费去私立学校,确实不划算)。听母亲说,公立学校的老师比私立学校的老师工资高很多,责任却比私立学校的老师少得多,并且有个叫"教师工会"(Teachers' Union)的组织(每个老师每年交一定的会费)保护老师们不被"炒"(只要老师不犯原则性错误,比如打骂学生、收取贿赂或者与学生有暧昧关系等,公立学校一旦聘用了某个人,就无法将他/她开除,除非老师自动提出辞职)。而且按"工会"的规定,老师们超出工作时间以外对学校和对学生的"贡献"都是有偿的(比如,有些老师"自愿"为没通过州统考的学生放学以后补课,下班后或者周末时间的工资是正常上班时间内的工资的1.5~2倍。相比之下,私立学校的老师真是无私,课下和周末花在学校和学生们身上的时间都是免费的)。对公立学校制度下的

"工会"的存留(老师的利益应该由其组织捍卫)和废除(那些"不称职"的老师理应被开除)一直是美国教育界争论的话题,至今尚未得到解决。

(美国某州教师工会的抗议游行)

地方税除了供养公立学校,还有一些钱花在了雇用政府员工、支持公共交通和社区公园等公共设施。不说警察局消防队,这里着重提一下具有公务员代表性的公共图书馆馆员和公共图书馆资源。美国城镇根据规模大小都至少有一个公共图书馆。小的馆里也有三四个图书馆管理员(他们的工资和图书馆里的所有资源都由政府开支。社区成员免费享受这些资源,比如免费用那里的电脑,免费上网查资料,夏天在馆内空调舒适、冬天在暖气十足的图书室里读书,免费借书、CD

和 DVD 等。我的好多学校要求的暑假必读书籍都是在我家附近的公共图书馆借的，几年来不知看了多少不花钱的好莱坞大片儿和奥斯卡获奖电影，又省钱又方便）。

（公共图书馆阅览室）

（某大学图书馆咨询台）

可别小看了这些图书馆管理员，他们通常都是专门大学毕业的有知识有爱心的人。他们了解馆中的资源（书籍、文献、电影、音乐资料、电脑和网络的使用），能为顾客准确地选择和推荐他们所需要的材料。他们爱护由政府资助的图书馆资源（比如天天擦拭馆内电脑，保持读书室安静清洁舒适，馆内没有专门搞卫生的清洁工），也尊重纳税者的权利（他们会想方设法地帮助顾客借到他们寻找的材料），更想着如何为社区做点儿贡献（比如定期举办各种福利小活动，义卖图书，再把钱捐给社区）。以我家附近的公共图书馆为例（只离我家步行三分钟，极其方便），平时每周四下午都有一个“儿童图书馆员”（特长是熟悉儿童书籍和幼儿教育）免费为附近的儿童（多半是学龄前儿童）读书一个小时，家长们只要把孩子送到图书馆就行了。孩子们将会听到“绘声绘色”的专业朗读，图书馆员会耐心地回答孩子们的各种天真、想象的问题，还会教孩子们识字、写字、画画和数数（这些服务都是免费的）。假期的时候，更有多样的读书会活动。附近的学校都推荐孩子们去当地的图书馆读几本好书。对无暇和无能教育孩子的家庭，公共图书馆无疑是一个最佳去处。而这种免费的图书馆教育就是吃“公粮”的国家公务员们回报社会的一种方式。

下面谈谈私立学校。私立学校是怎么运作的？（仅靠学生的学费是远远不够的，尽管每个学生每年的学费要好几万美元）人们捐款是为了什么（都有谁捐款）？师资究竟意味着什么？学生如何受到良好的教育？到底是名牌老师重要还是优秀学生重要？让我（就我的理解力，拿我现在就读的一所美国普普通通的私立学校为例）来略说一二。

私立学校不享受国家和政府拨发的一分一厘，他们的经费都是自行解决的。私立学校的运作资金小部分是来源于学生的学费，大部分靠捐款——Donation（可能人们不相信，一个学生的学费不仅不能支付其在校的全部费用，学校还要为每个学生倒贴一笔钱。再加上学校基础设施的维护更新和建设，以及支持教师进修的费用等。维持一个学校的生存而需要的资金，远远超出我们平常想象和估计的数字。这就是有的人在被问到捐款的事儿的时候，不理解为什么学生已经交了那么贵的学费，学校怎么还“变相”要钱呢）。捐款的人有毕业生（特别是有钱有名的老毕业生，比如我们学校 2013 年诺贝尔奖获得者 Rothman 先生把他的诺贝尔金牌都献给了我们学校。每个私立学校都专门有一个负责筹集捐款的办公室，他们一年到头不停地“慰问”毕业生们并请他们考虑捐款或提高以往捐款金额的事）。献爱心的还有家长（特别是各国留学生家长们）、有在校师生（我们学校老师百分之百都给学校捐款）、校董事会成员和社区居民。捐来的钱都专款专用，有的用来更新计算机房软件，有的买手提电脑供学生借用，有的捐款人指名用他们的捐款塑造一个雕像、为学校做一些桌椅和家具、修建一个小型花园或植几棵树，也有的钱用在教师参加会议和培训上。每年春季，我们学校捐款办公室都号召全校师生，亲笔写贺卡感谢那

（Pomfret 学校师生们亲笔给捐款人写感谢卡片）

些为学校慷慨解囊的慈善人士。目前在中国,还没有形成国外这种捐款助学的模式。不过,听说懂教育有实力又务实而且理想伟大的俞敏洪先生,志在创办中国“真正意义上的私立大学”。我衷心祝愿他的大学早日办起来!

那么人们捐款是为了什么呢?绝大多数人不为名、不图利,不为他们在读的子女得到什么特殊照顾,更不为因捐了款,年底报税的时候有什么优惠政策(母亲说对社会公益捐了款,每年年底报联邦税的时候交的要少一些),而且有的捐款人是匿名捐款,还有的捐款人家里并不富裕,他们是真心为了支持教育而表现他们的心意,有的家长看到了他们的孩子在学校的成长而由衷捐款感谢学校里的老师(比如我们学校有一对儿不愿吐露身份的家长,他们的一对子女几年前就已经从我们学校毕业了。去年他们向我们学校捐了300万美元专门用来支持学校创新性教育)。我们学校捐款办公室每两年举办一次拍卖会——Auction,拍卖的物品都是校友和家长们无偿奉献的珍藏品,很多人通过高价买走拍卖会上的物品这一形式为我们校“贡献自己的力量”。校捐款办公室把拍卖得来的钱,全部用于教师教学上的需要。这就引出了“师资”这一话题。

我们常说的“师资力量”到底指什么?我所理解的“力”就是power——就是老师有没有权力或者说自主力来设计教学、控制课堂和科学评估学生;我所理解的“量”不仅是“quantity”——老师的数量,即师生之间的比例,更重要的是指“quality”——老师的质量,即老师的创造力creativity和亲和力 affinity 程度;“力”+“量”=“力量”strength——就是一个学校的优势,也就是与其他学校的不同之处。如果一个老师要跟他教研室里的其他老师们一起备一样的课,或者是按照教学组长或系主任的模子准备教案(而不是走自己的“特色”之路),不能有效地识别学生个体的学习特性和灵活地处理教学之间的问题,那他/她就不是有“力”的老师。当然师生比例越小越有利于老师控制并了解学生(比如师生比例为 10:1 的课堂比 25:1 的课堂,老师更有精力照顾到每一个学生的学习需要),但并不是说,一个学校雇用的老师越多(以缩小师生比例),学生的学习质量和老师的教学质量就越高。教师队伍的质量才是师资力量中的重要参数。这个质量也不是指简单意义上的学历证明(并不是学历越高的人,越会教书),而是指老师自己有没有创新精神、有没有能力激发学生的思想力和创造力,并且有没有一种魅力把学生们拉近,使学生们感受到平等并愿意做心灵的沟通——有这些品质的老师就是有“量”的老师。“力”“量”兼备就能使一个学校脱颖而出。强大的师资力量下,受益的是学生还有学校(学生们学习、人品双丰收。学校声名鹊起,并能招收到更好的生源)。

刚刚说过的亲和力就是我们不可否认的事实——教育质量很大程度上取决于师生之间的关系,就像生意上的成功很大程度上依赖于老板和员工的关系一样(比如“超级课程表”创始人余佳文和他的员工之间的关系)。如果一个高傲的“名牌儿”老师不懂如何构建良性健康的师生关系,那雇用一个名牌儿老师就没有任何意义。如果一个普通的老师抓住了情感因素对学生学习造成的影响和效果,那他/她的学生是否优秀也就不重要了,因为他/她懂得如何激发学习者的最大潜力和抓住最佳的教育机会。与此,学生才能真正受到良好的教育。

2012 年 8 月,我升入了附近一所半公半私的高中 SD(所谓“半公”,是只有留学生交学费,美国学生享受公立学校待遇不交学费。因为有少量留学生,所以学校附近有几栋宿舍楼。我因住在当地,而且母亲交地方税,所以享受美国学生待遇——免交学费;所谓“半私”,是学校的运行费用,是由一个组织负责的,不是由国家拨款的。老师们享受“工会”待遇,可是学生必须参加康州的州统考。听起来有点儿复杂,实际学校运行起来跟公立学校制度一样,比如全年上 180 天的课,只是不向国家伸手要钱而已)。学校从高一到高四大约有 1000 多名学生(算是中等大小的高中),其中大概有 50 名中国留学生和十几个其他国家的留学生,其余的是来自附近几个镇上的初中毕业生(通常高中学校规模比较大,可以招收周边好几个初中学校的学生,所以高中学校不是一个镇上一个)。每个班有 25 个学生左右,比起中国的班级人数,还是算少的。毕竟在中国习惯了人流拥挤的生活,所以来 SD 没几天,我就适应了 SC 没有的多层教学楼和得仰视的高年级师哥师姐们(在 SC 我是 8 年级,学校最高年级)。很高兴的是 SC 毕业的学生基本都升入了这儿(RJ 也在其中),所以新学校对我来说并不是完全陌生。高中的氛围和初中截然不同(别人和自己

（这是某高中在学校室内体育馆举行的开学典礼）

都把你当成“大人”看待）。从开学典礼就可见一斑。

学校请来了一个年轻的户外探险者，颇有鼓动气势地运用他十几年野外生存的亲身经历（故事、照片、录像和他写的书）鼓舞我们这群入校刚第一天的高一学生们勇往直前，探索新领域，迎接挑战，不怕困难，战胜自己。他讲的见闻里，有一个故事，我至今记忆犹新。善于感染周围朋友的他，有一次说动他的老父亲（七十多岁的样子）跟他的伙伴们去登一个很有名的山。虽然山势之险峻已在他们的预料之中，但当他们遇到一处只能站住半只脚的悬崖“路段”时，连他都害怕了。当时他说了一句话，我一辈子都不会忘，他说，“我对自己说，‘**别往下看，往前看**’”。“凡事应该往前看”是呀，下面是万丈深渊，看了只会令自己更加害怕。他和他的两个有登山经验的伙伴儿好不容易惊险地“走”过悬崖，可是他的老父亲说什么也“走”不下去了。他停在中间，一会儿看看天，（我的天啊！）

一会儿看看望不见底儿的悬崖下面，（我的妈呀！）双脚随着抓不稳岩石的双手抖动不停。不管他的儿子怎么鼓励他，他就是害怕得一步也迈不开，好像迈了一步，他就可能会掉下去一样，还不如就那么“悬”着。可是他儿子知道，“悬”在半路不但不能消除恐惧，反而更危险（体力耗尽，精神疏忽，稍不留神掉下去的机会更大）。他想尽一切办法鼓励他的老父亲。老父亲一幅准备“葬身于此”的表情，让他第一次后悔自己鼓动他人投身户外探险运动，而且这个人还是他的老爸。他哭了！听到这儿，我的眼睛也湿润了，心都提到了嗓子眼儿，想知道后来的故事。后来，他给父亲说了几件他小时候的故事，见父亲的表情稍微放松了一点儿，就深情地说了一句，“Look at me，Dad. I love you. Do you love me?”（在美国生活中天天听人们说这句话，连打电话的结束语都由 Bye – bye 变成了 I love you，可是这次，我听出那个探险者说的是真心话）。随后，他像指导他爬山俱乐部里第一次来攀岩的小孩子一样，耐心地，一句一个要领地“指导”他的老父亲“走”过了剩下的一半悬崖——他老人家生命继续的路口。最后，他在大屏幕上给大家看他和他父亲共同“战胜”的那个险峰的照片，照片中有一张是他和他父亲膀靠膀冲大家招手（他的父亲好像在对大家说，“是我儿子救了我”）。他又说了一句令我难忘的话，“父亲‘卡’在悬崖路段的时候，是我从未体味过的‘**家人亲情对我是如此的重要！**’”（跟电影《127 小时》里的探险家说的一样）听到这儿，我感动地拉了拉坐在我身边的母亲的手——她早已听得热泪盈眶。那个比我们大不了几岁的年轻登山运动员不用演讲稿，穿行于体育馆阶梯看台上的观众们，还时不时地来个全场即兴小活动，让大家的身体、眼神和思想都跟着他动，不愧是个搞户外运动的。让我们更惊讶的是他的思维、口才和身体是一样的灵活。那时，我就开始佩服运动能发展身体平衡也能锻炼大脑思维。充满鼓励话语的一个多小时的演讲，把我们这群热血青年煽动得好像明天就能去爬喜马拉雅山了一样。

明天，明天的明天，以后无数个在SD的明天里的挑战和经历，展现给我的，却比爬山难多了。首先面临的，就是我的高不成低不就的英文水平，对我选择“合适”的（实际上当时没有真正适合我的）班级造成了困难。鉴于我的情况（刚来美国一年，入学英语测验基本属于最低水平偏上），学校把我的

“英文”课排到了ESL班(English as Second Language)——就是给母语是非英语的外国人单开的一种英文课，没有统一教材，比美国学生学的英语课浅得多得多。我和母亲原来对SD都抱有极大的希望(在SC的时候，学校就没有ESL这样的课可以正规地补习英文)，希望能从他们ESL课上提高英文，好尽快赶上美国学生的学习进度(后来发现以ESL课的进度，永远无法赶上美国正常的英语课水平)。对于美国这样一个移民国家来说，公立学校开设ESL课程是必然的。越大的城市，外国人越多，ESL的学生就越多。美国教育局规定ESL的老师要考专门的资格证上岗。不像SC就我一个外国学生，SD的60多个留学生的情况使学校雇用了2名ESL老师。我被分到了Mrs. T的班。从第一次我俩约定分班考试那天，她记错了时间开始，我就没对她留下什么好印象。那天，我不但白跑了一趟(考试没考成，她那个时间还在教室里上课，说是记错了日子，叫我第二天再来)，后来还发现她把我放到了最低的ESL班(可是她对我说，分班考试我考得不错)。那个班级教的内容之简单(名词变复数，动词的基本时态，这些国内早就会的知识)，连我都不觉得有任何挑战性。对感到无聊的我，她“一视同仁”地履行原有的教学内容。本来我还希望她能给我布置点儿有难度的任务，等了一个多月，发现她很讨厌我，说我不尊敬她。后来就是她，把我报到教导主任那儿，说我上课用手机(我确实用了，一次是查单词，一次是上网查资料。可是我不服的是，别人也用，而且不止一次地课上用，她并没“一视同仁”地往上报)。我的直觉没错,她果然是个稀里糊涂的老师。每天上课,不是忘这就是少那,常常在她堆得乱七八糟的讲桌上乱翻一气,好像总是在找东西。有几次,我明明记得我把作业交给她了,她却因“找不着”而给了我零分(后来我才知道)。更可气的是,她从来不告诉我,也不通知我家长有关作业的情况。等到“零分”越积越多的时候(我在网上看到的,学校网上可以查到自己的成绩),我质问她,“难道就不可能,你把我的作业弄丢了吗?我怎么能有那么多次都不交作业呢?”这下可完了,我和我妈都被叫到了学校,罪名是我“质疑”老师,对老师不敬,我的学习态度恶劣等。多亏我有一个懂教育明事理并相信自己儿子的妈妈。母亲从那位老师发的教学大纲里说的评分标准,到“改错题提分”的政策,再到课堂教学缺乏灵活性,最后到学校缺乏跟家长沟通的弊端(家长应该有权被提前通知孩子在学校的表现,不管是好的,还是坏的,可是我母亲直到被叫去的那天,从来不知道她儿子在学校的“恶劣”表现),一一细数了一番。弄得他们哑口无言(当然我母亲都是带着证据去的),当然我也对我的不礼貌的态度道了歉,并保证以后改正,我母亲也感谢学校对我的宽容。回家后,我母亲在我的本夹子里找到的 5 个有成绩(上面有老师用红笔批的分),但未被老师记录在网上评分簿的作业,为我交涉到了补足剩下的 12 个“零分”(一共有 17 个“零分”,这怎么可能?),但只给部分分数。理由是“老师没有证据证明我没交”(用我母亲的怀疑就是“也许她弄丢了一些”)。虽然

“战争”结果是，我的成绩只由 F 提到了 C，但是我却从中学到了两个教训：据理力争，凡事留有证据（那 5 个批了分儿，却没被记录成绩的作业，“救”了我）。

这事儿过后，我母亲向学校提出，把我从 Mrs. T 的班换到另一个 ESL 老师的班。由于 Mrs. T 提前“打了小报告”（我转班的第一天早上，看到她跟我的新 ESL 老师在教室里小声嘀咕什么，看到我走进教室，她就离开了），新老师对我也不太热情。大失所望的母亲决定坚决把我从 ESL 班里弄出来。经过多次跟学校交涉，第二个学期（学校是两学期制，秋季和春季）学校把我转到了 Mrs. C 的 HCP（Honor College Prep）英语班。（事后，听不知内情的 Mrs. C 的语气——有一次她坦白地对我说“你的成绩这么差，怎么可能从 ESL 的班直接进我的班呢？”，我发觉学校好像是故意“整”我，把我放到 HCP 英语“大学预备荣誉”班）。通常 ESL 的课程是全年制，所以你可能想象得到，中途转班的难度（我母亲费了好大的劲儿）。Mrs. C 的 HCP 英语班是专门给那些英语很好的美国学生开设的高级英语班（就像中国学校的快班或尖子班）。这个班布置大量的阅读，强调写作技巧的提高和训练，上课主要以讨论 + 评论为主（HCP 英语班下面有一种叫 CP 的英语班，就是一般水平的美国学生上的英语课。每个学年 HCP 的班只有一两个，大部分都是 CP 班。我其实就应该被转到 CP 英语班），而且上 HCP 课的学生们，要有他们以前的英语老师的推荐才可以上这个班。现在你肯定同情我母亲为我辛苦“争”来的“机会"了吧！（美国正常高中英语班能跟上就不错了，荣誉班？那不是活受罪吗？）不知你现在看没看出来？我和母亲好像被学校给"涮"了（"你不是嚷嚷 ESL 班浪费了你孩子的时间了吗？那就让你瞧瞧正常英语班，不，高级英语班，的'厉害'"——这样的嘴脸不难想象吧？）你们猜对了。我那苦日子，简直没法形容！开口讨论——得首先听明白了呀，可我就是再长一对儿耳朵也听不明白。那就当"哑巴"吧。这一当，就是一个多月。写作文——憋了几个小时才写一页纸，还满篇子都是语法错误，发下来一看，老师的红色评语比我写的多两倍多。读文章——别提什么分析深度了，读完了都不知所云，还谈什么"分析"呀，离"深度"差到天边儿去呢！课堂上随便发一份打印好的文章，人家都开始写课堂限时读后感了，我第一页还没看完呢！越着急，看的速度就越慢，越读就越读不懂。考单词——是用英英释义（对我更是难上加难）。中文意思我懂，可写出来只有我自己知道对不对，这不是给老师找麻烦吗？其实，有了我在班上，Mrs. C 比我还可怜。她在 SD 教书将近 40 年，从来班级平均成绩都是全学年第一名。我一定拉了她的后腿，拉得还一定很远。我写此书的时候，还去 SD 的校园网看了看教师档案，发现 Mrs. C 已经不再英语系的教师网页上了。这不就是刚过了一年多的事儿吗？希望她的"退休"跟我没关系。

上面，你们对我苦不堪言的后半学期只猜对了一半儿。敬业的 Mrs. C 对我那叫负责任呢。每次布置一篇作文，她都叫我改3遍以上(刚开始的时候,我是一点儿都改不动)。每遍改写以前,她都把我叫到办公室,确保我对她在原稿上写的红色批语是否理解了。不懂,她就再给我解释,直到我懂了什么地方,她要求我加点儿什么,才放我走。我喜欢她的评语是以启发式的问题来激发我思考,而不是简单地帮我改改语法,或是画几个大问号来"糊涂"我。她发现有很多时候,我写的东西,她看不懂(我觉得主要是中西方的思考方式和表达方式不同)。比如,为什么我说着说着,突然来了一段倒叙或者插叙,或者加了几句我个人的看法(我那"高超"的"中翻英"修辞,老外根本不懂)。所以,她常常利用放学时间(这在公立学校老师中,不太常见)跟我坐下来谈我写的"东西"。谈话中,我也"被迫"练习了就正式话题(老师的宝贵私人时间不是用来跟我聊天儿的)发表我的看法。比方说,我对 *Schindler's List* 怎么看。没几次,我发现这种对我写过的作文进行讨论的谈话方式,不仅提高了我的写作水平,也教会了我在阅读时,应该问些自己什么问题,写作的时候,应该考虑到读者的角度等。这些思维方式改变了我的思考习惯。慢慢地,我也能参与课堂的小讨论了。我的作文上,老师留下的红色印迹也比以前少多了。Mrs. C 花在我身上的时间,换来了我 C 的期末成绩。可是这个 C 比 Mrs. T 给我的 C 值钱多了。

Mrs. C 还有一个优秀品质，就是跟家长及时保持联系（希望她不是因听了我母亲向学校抱怨 Mrs. T 的沟通不及时才这么做的）。她经常给我母亲写邮件汇报我的测验成绩（主要是担忧我能不能完成高一的学业）和作文情况（偶尔也有表扬的话语，比方说，某篇作文见到了分析深度）。有时，她担心我对布置的作业没完全听懂（肯定是我木讷的表情告诉了她），特意用邮件的方式"重申"给我母亲（好叫我母亲用母语给我解释一下）。母亲自然对这位老师"翻天覆地"的变化（与 Mrs. T 相比）感激不尽。那，你们想不想问问，我母亲对我只有 C 的成绩怎么看？她常常说，"把自己的儿子当别人的儿子看，就不着急了"。她够幽默吧！同时也说明了她是一个多么懂教育的家长！其实，与其说我母亲不太给我的主科学业施加压力（她知道给我这个"不是学习的那块料"施加了压力也没用），不如说她更重视德育和美育的发展。她常常因看到我沉浸在音乐美术中的那份享受，而感到由衷的幸福。

不用猜你们也能知道，我得的唯一一个 A，是艺术老师给的。我很幸运地碰到启发过我的 Mr. D，我的美术老师。他以一颗艺术家的心，接纳我并激发我的艺术潜力，使我创作出了我的第一个手制陶瓷作品和多媒界立体手工艺术品（获得了校艺术节美术作品优秀奖）。美术课是我每天最盼望上的课（我希望 Mrs. T 能看到美术课上全然不同的我）。在美术课上，我的眼光变得敏锐，高速旋转的脑子里常常迸发出新的创作思想（母亲也觉得我那段时期创作思维最活跃。放学的路上，我常常滔滔不绝地跟她讲我的一个个作品的创作思想）。每次下课铃声打断我的思路时，我都非常遗憾地撂下手中和脑中的“活儿”，不情愿地让脚步把我的思想和目光从工作台上“挪”走。放学以后，我常常溜回美术课教室，把我心爱的作品再添上几笔（每天我都把我的作品用手机拍下来，回家以后跟妈妈分享我的进度）。因此，我变成了一个多产的学生——一个学期下来，我的作品差不多是别人的两倍（当然公立学校的美术课上并不是所有的学生都像我那么爱好艺术。有很多人是混学分儿的，因为美术课是毕业必修课之一）。

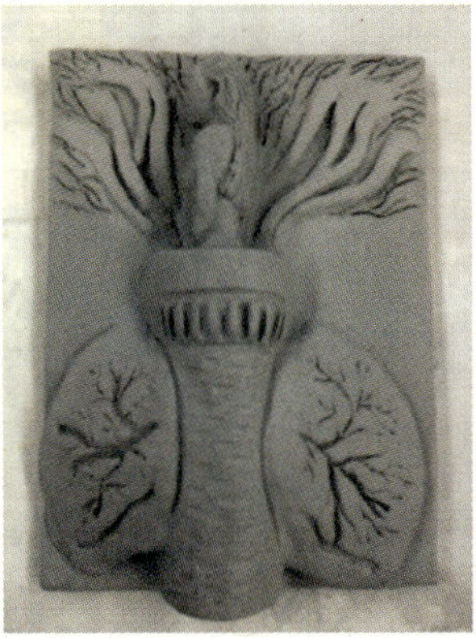

（我的第一个陶瓷艺术作品和多媒界手工艺术作品）

我的勤奋给 Mr. D 留下了好印象，同时我俩也结下了深厚的师生情谊。课间和午休的时候，我总爱去他的办公室转转，常来常往，跟艺术教研室的其他几位老师也处得不错。至今每每想起他，我还深怀感激和想念。

（Mr. D 和我在校体育馆合影）

同是必修课，不像音乐课和美术课，体育课却“天然”地吸引着每个美国学生（好像美国孩子都天生爱运动）。在 SC 跟体育老师冲撞落下的“后遗症”，使我对体育始终“不敢问津”。不过坦白地说，开学典礼上的演讲嘉宾，改变了我对运动的看法。我似乎觉得他就是“运动锻炼身心”这一理念的代表作。绝佳的口才、健美的身材、具有亲和力与号召力的积极向上的精神、敏锐的应变能力、柔软的心以及能拯救生命的神奇力量。这一切，我都清晰地记得（也许别人早就忘了，或者只当一次一般的演讲听听罢了）。于是，我准备抱着积极的态度，迎接一周两次的体育课。万万没想到 SD 心最好技术最全面的体育老师叫我给摊上了（学校里共有七八位体育老师）。真走运！

他是个有耐心、幽默、体育知识广泛的运动员。他教会了我们各种各样的体育运动和体育游戏。同时还发现了我有超长的耐力（我在中国上小学和初中的时候，运动会上总是报中长跑，也拿过几次奖，虽然不是头几名）。知道我是个英语不佳，朋友没几个的外国人，他还细心地帮我在同学中树立“威信”——让我在中长跑似的体育游戏中“崭露头角”，所以大家都知道我能跑，跑得还挺好，做游戏的时候，就都把我往他们组里拉。看来我给体育的（其实是给自己的）第二次机会，是给对了。

既然我在平时的体育课上都这么“有人缘儿了”，接下来参加校足球队的“壮举”，也就不那么令我妈妈“瞠目结舌”了。（后来自己摔得有多惨，才知道当初自己有多天真。体育课上那点儿哄小孩儿的把戏，怎么能在校体育队里“混”呢？）前面我介绍过，公立学校课余的体育活动不是强制性的。不像私立学校，平时上课的时间不安排体育课，放了学以后，是两个多小时命令性的高强度体育训练，每周出去打比赛的时间还不算在内。正因为如此，公立学校凡是自愿参加放学后的体育训练的（就是校队的），都是爱好并且有体育特长的学生（这一点跟中国的情况差不多，校队的都是体育棒子，都是校区市运动会上拿名次得奖牌争荣誉的佼佼者，都是我们这些小白丁刮目相看的，有“特殊贡献”的英雄。我从来没到过那个级别）。随学校一年两学期制，体育训练也分为秋季运动和春季运动。各种秋季运动选择中，我能尝试的只有足球队最低级别——新生足球队。其实，我在中国也没踢过几场足球，最多也就是看看电视里的足球赛。之所以梦想着能跟人家踢踢，也是看了咱们国足的“水平”才敢梦的。结果是，一季下来，反正英文的比赛规则和阵形是懂了（原来只知道中文的）。整个赛季，除了坐冷板凳儿，只上场过一次，不到 10 分钟（没进球，因为我踢的是后卫，当然也没“虎”得往自家门里踢，这点儿觉悟还是有的）。其余那 N 次比赛，只记得，穿得巨多还冷得打哆嗦（“天凉好个秋”啊！），加油嘴唇都打战（不是激动的——我们校队踢得不怎么样，是冻的）。这种情况下，早已没了“集体荣誉感”，谁输谁赢都不重要，只盼着哨声一响，赶紧坐车回家。

比赛还好混，毕竟我候补得基本没上场机会。可平时的训练真是难挨！我的英文水平差得连教练说的练习要领都听不懂（明明是带球跑，然后把球传给对角线的队友——我方队友，我却传给了邻近队友——对方队友。这类小错误让谁跟我一组谁输），比赛规则我也听不懂（训练时，我经常越位而送

给对方角球机会。我方队员气得咬牙切齿,恨不得把我吃了)。每当看到队友们因教练把我“幸运”地分给他们小组做热身练习时脸上的“厌恶”表情,我恨不得找个地缝儿钻进去,真后悔当初头脑一发热就报了足球队。开始我还硬着头皮,跟被分到的小组队员“练练”,后来自己的“臭脚”把自己都“熏”跑了。(人可千万不能高估自己呀!)有一次,我自己跟自己生气,从场上主动退下来,心里实在太憋屈了(为自己的英文太差听不懂又说不出,也为自己的脚“不争气”),忍不住在球场边抱头痛哭,没人能理解我当时的“胸闷”和心里的压抑(教练给我妈妈打了个电话,她来接我,我们一路沉默无语)。那段时间可真折磨人啊!不被人接受的滋味儿是另一番苦涩——是心的疼痛——用语言难以表达的伤。每天放学后那漫长难挨的训练过程,让我饱经了一个青少年难以承受的心灵“成长”历程。就那么难受,我也坚持没放弃,因为咱中国人就是不言放弃的民族,我不想被人嘲笑为一个 loser——失败者。其实现在想想,真没必要在自己不行的事儿上硬撑着。何苦呢?(耽误了心情,影响了学业,再怎么着也成不了“合格”的足球运动员。要不是有母亲在身边默默地支持,我早就“精神崩溃”一百回了。)那些无数次在训练中遭受的伤害(有

时是白眼儿，有时是鬼脸儿——当面的和背后被我瞥见的，有时是脏词儿——听得懂的和听不懂但猜得出来的）把我难受得回家吃不下饭、睡不好觉，有时作业都没心情写。我母亲劝过我无数次叫我放弃，我都没听。她看着我一天天地不开心，心里难过得不得了。那段时间是我和母亲之间第一次疏远的经历。放学后的家里突然一片寂静，没啥激动的事儿值得分享了，都是些重复的欺辱，难以启齿，只能自己圈在屋子里无奈，沮丧，生闷气，有时幻想奇迹的发生。可能这就是成长的代价吧。

和母亲并肩支持我的还有 RJ 和去华盛顿旅行时跟我睡一个屋吵着开空调的那个上铺“大个子”（他是队里的守门员）。母亲的支持是精神上的，RJ 的支持确是实打实的。踢了七八年足球的他是场上主力（虽然他是个素食主义者，可踢起球来，吃肉的都踢不过他）。作为好朋友，训练中常常没等教练“分”，他就主动“要”我到他们小组进行热身训练，这常常引来小组其他成员的不满。私下里他们常常开 RJ 的玩笑，“你的 Asian（亚洲）朋友呢？”（这里的 Asian 是种族名词，有歧视之意，就相当于问“你的黑人朋友呢？” RJ 从不多辩解，对朋友的玩笑也不放在心上。对我是真心实意地关心，看到别人用语言“欺负”我，总是站出来替我说话。有时还帮我变相“解释”他们的恶言恶语——其实我都听懂了。要是你到了外国，对脏话的理解力也会比普通词汇快。我俩只有两节课被分到同一个班，但平时走廊上餐厅里碰上了，总是热情地“互撞”一下身体——美国男生之间的一种亲密的打招呼方式，比拥抱和互碰拳头更亲近。他在家里也 Sage 长 Sage 短地叨咕我。有一次，他父亲 Ed 禁不住悄声问，“RJ，你是不是爱上了 Sage 啊”？——那意思是怀疑我俩是不是同性恋。他就夸张地大声说，“是啊，怎么着，你是嫉妒啊？还是担心呢？”他爸就被噎得没词儿了）。RJ 平时到场训练比较早，他就帮我练习传球。其实我觉得我学得挺快的，只不过跟他们玩了好几年球的人相比，我的球“感”差远了。再加上，我带着个小眼镜儿（美国孩子近视眼的不是很多，尤其是擅长体育的，个个眼睛都好），看起来好像是属于学习那种类型的学生（其实不然，我是属于艺术型的），在球场上显得有点格格不入或者说笨手笨脚。总之，RJ 是尽了一切能力和时间帮我。周末只要他不出去比赛，他同时还打冰球和棒球，就把我叫到他家，在他家的大草坪上“训练”我。他弟弟 Marco 当时上 SC 的八年级，足球比 RJ 还好（但 RJ 的冰球比 Marco 的厉害）。哥哥教我防守，弟弟教我射门，他妹妹 Ana 和 Missy——她的狗，心甘情愿地帮着捡球（我的臭脚经常把球踢出界外），虽然连 Ana 当时都有了四年的踢足球的经验。练得差不多了，他们就召集邻居家的小孩们（叫出一个来，都比我踢得好），组队“实战”。踢累了，他爸 Ed 就给我们烤汉堡吃。我真的觉得我进步了，甚至觉得自己可以上场比赛了。

可惜，RJ 没能鼓励完我度过那一赛季。我们的球队因缺了他这个主力而节节败退（就像 2014 年世界杯，巴西队争 8 强时，主力被罚禁赛，后面的几场比赛，巴西队踢得像场上缺了灵魂一样)。有两次教练不得不取消比赛资格,因为有好几个球员因为没了RJ,也没到场参赛。(这在中国不太可能,球员哪敢不听教练的,擅自不到场呢!)我后面没了支持我心灵的RJ的日子,你们可以想象有多难了吧!RJ突然从学校的消失,使我原本就灰了的心更加没了着落。我给他打电话发短信都不见他回,Facebook上也没了消息。学校里有人像看笑话似的看我的"悲惨"下场——没了RJ的保护。没了保护,我反而坚强起来。他们看我,我就反过来盯着他们看,离着很近地目不转睛地盯着看,一直把他们看得"连连倒退""仓皇而逃"(他们可能以为我受刺激了呢)。我的这种无声的"坚强"反抗,让他们渐渐地"知难而退"了。慢慢地没人再敢"惹"我了。带着这种"坚强",有一天,我终于勇敢地推开了校长室的门,为自己寻求答案:RJ到底去哪儿了?"他因涉嫌买卖毒品而留家察看呢",校长说,当时还有一个警察模样的人在他办公室。他机警地问我是谁?我说我是RJ的好朋友。校长就让我出去了。他还说了什么,我没听进去,一边儿往外走,脑子里一边儿嗡嗡响,在走廊里好像还撞了一个人,我也没在意。回家后,我马上把这件事儿告诉给了妈妈,让她想想办法,救救RJ。在美国不管多乱的公立学校,有两大最大的"罪过",可以结束一个学生的求学生涯,一是枪支,二是毒品。一旦被学校开除,就没哪个学校愿意再收留这样的"犯法者"。出于尊重隐私的习俗,一直忍着没敢"打扰"RJ父母的妈妈,终于拿起了电话,没几句,电话那边儿就传来RJ妈妈Jo的哭声。在了解了情况以后,两位妈妈在律师的建议下,决定起草一份 RJ 的人格表现书,由当事人的法律监护人 RJ 的母亲主诉,用强有力的第三方有理有据的书面文件作证明,递交到学校,再由学校递交给教委,经教委组织的调查团,结合警察局的调查结果,听从陪审团的听证,最后争取对 RJ 的从轻处理。听起来就那么几步,可每一个步骤的揪心的等待,令人难熬。尤其是在等待结果的过程中,RJ 不能上学,不能出屋,不能以任何形式与外界联络(所以我怎么也联系不上他),别人也不可以探访,而且家里还得留一个监护人在家看着他。那种被"囚禁"的滋味,一个青少年是怎么忍受的?只有 RJ 自己知道。与外界隔绝了,而且学校的课程也落下了很多。我可怜的 RJ 一定是被冤枉了,我坚信!在注重信誉的法制社会里,那封第三方的证明信是最能帮助 RJ"减轻"罪名的。它就出自于我母亲之手。我母亲用了三天的时间,查了很多法律常识,运用真实有力的证据并结合自己对 RJ 的了解(感谢平时我跟妈妈毫无保留的交流,让妈妈像了解自己儿子的品质一样,了解 RJ——你们看交流有多重要啊!)以自己的人格担保 RJ 这个孩子的优良品质。证明材料中除了列举了两年来,RJ 是如何帮助、接纳、鼓励我这个外国人适应美国学习和生活的事实,还坦白地承认,他可能是因一时糊涂做了"买方"(好在不是"卖方"),希望学校和社会给这个好孩子一次改正错误的机会。五页的证明材料真的发挥了作用,几个月等待(这期间他们上了一次法庭)的结果是,从审判结果下来之日起,8

周后可以复课。我为这天大的好消息，感谢了母亲不知多少回，在感谢中急切地期盼和 RJ 重逢的日子。8 周以后，没见到他。又过了一个月，他还没来。后来，他妈妈送来一张卡，上面写着："我亲爱的 Sage，对不起，我让我的好朋友丢脸了。我没脸再回学校，再见你们。我真心祝你好运！你的好朋友——RJ"，我手里的卡"湿润"了。我希望他能亲耳听到我说，"我不在乎你犯的错，我们永远是好朋友！"RJ 去了外州。从此，我再也没看到过他。记忆里最后一次的他，就是我们最后一次足球训练（当时并不知道那是最后一次在一起训练），训练到一半儿，教练摆手把他叫到球场边，教练身边还站着一个人，不认识，就是他把 RJ 带走的。我记得 RJ 边走边回头看了我一眼，我当时没在意，那就是我最后一眼看他。以后没再见到过他，也没再听到过他的声音。以后我也再没交到像他那么好的朋友。这或许就是人生的缺憾吧！

不论是这一章前半部分列举的公立学校和私立学校的种种不同，还是随后流淌在记忆中的一些难忘小事儿。不难看出每种学校都有各自的优点和不足（没有一个学校是十全十美的）。比如我在以前的 SC 学校，虽然受到过体育老师不公平的对待，但学校里还是有很多好老师的。有一位数学老师就非常负责任。当时她怀孕快生小孩了，每天挺着个大肚子给我们上课，还把数学题都提前帮我翻译成中文——用 Google 翻译的（其实数学课是我唯一听得懂的课，因为基本是数学公式，不太需要英文功底）。可惜，她上到半学期就回家生小孩儿去了,之后就再也没回学校(后来的代课老师比较麻木)。还有那个学校的女校长对我也不错(虽然那次体育课的事,她"骗"了我妈,说我撒谎,没放我回家),在我试了一堂西班牙语课之后(英语听着都费劲儿,更别说第三语言了),她把我单独安排到一边儿,跟一个退休老教师"聊天"来练习英文(那位老教师退休后,义务帮助学校做事),发现"聊天"不见效,学校出钱买了一套 Rosetta Stone 软件(外语教学软件),专门请一位老师在网上给我补习英文。可惜效果也不是很明显,网上的知识和我平时上课学的相去甚远,历史课该听不懂还是听不懂,科学课的作业有好几次都没记下来(也可能是我太笨了)。

在悲欢离合、跌宕起伏的磨炼中,我结束了我的公立学校生涯(可是我深深感激那段公立学校的经历,没有它们,生活就不会那么丰富多彩;有了他们,我的这碗留美酸辣汤才因此五味俱全)。2013 年面试了两次的我,终于被 Pomfret 学校录取了。这是一所住宿加日校的私立高中,就是我在这本书里用作"私立学校"的实例。前面一直没有正式提到,因我母亲就执教于此,所以我和母亲一起住在学校的一栋学生宿舍里。我的身份比较特殊,既算日校学生(每天走读且不用家长接送)又算住校生(与十几个住宿生一起住在男生宿舍里,我母亲是宿舍管理老师之一)又是留学生(与其他留学生一样入学要提交托福考试成绩)可是与其他留学生不同的是,我不用交学费(所有教师的孩子都享受免学费的待遇,不管是本国员工还是外国员工都一视同仁，也不管一家有几个孩子，所有老师的所有子女都免学费，这也是我母亲从大学转到中学教书的原因——为了提供给我一个良好的教育机会）。有些学校方面的制度和政策（比如公立学校的"工会"制度和我们学校捐款的事儿等）都是母亲告诉我的。

（Pomfret School 学校校园）

Pomfret 学校坐落于康州的东北角，始创于 1894 年，是新英格兰地区（New England region 有六个州——Main 缅因州，New Hampshire 新罕布什尔州，Vermont 佛蒙特州有人也叫青山州，Massachusetts 马萨诸塞州也简称麻州，Rhode Island 罗德岛洲，Connecticut 康涅狄格州也简称康州）一所普通的 9 到 12 年级的私立高中（相比 Andover，Exeter，Deerfield，Choate，Hotchkiss，Groton，Milton，Taft，Lawrenceville，Middlesex 这些

排名靠前的私立学校，Pomfret 大概在美国前 100 所私立高中中排名二三十名开外）。最初这个学校只是一个男子学校，自 1968 年开始变成男女混校。截至去年的数据，学校 357 名学生（包括高四毕业复读生——在美国，高中复读现象很普遍。各个年级都有复读生，他们不是因为学习不好而重读一年，而是想通过复读提高自己各方面的经验，这样申请大学的时候更有优势。我们把高四毕业后重读的学生叫 Postgraduates，简称 PG）分别来自 21 个国家和美国的 25 个州，其中 77% 是住宿，23% 是走读，45% 是女生，55% 是男生，13% 是有色人种。学校 80% 以上具有硕士及硕士以上学位的老师们，为学生们开设八大主要学科课程（包括数学、物理、化学、生物、历史、外语、英语、计算机科学）和 150 门以上的选修课课程。这所有着 120 年历史的学校，每天都在为其目标——为学生们创建

光明的未来而奋斗。来自于各种各样的文化和社会经济背景之下的学生们,在这个500多英亩的校园里,每天都在吸取营养,储备力量,以迎接将来更大的挑战。

我写这本书是取材于我整整四个学年学习于三个不同的美国学校。前两年是公立学校的生涯,后两年是私立学校的见闻。虽然前面三章贯穿了公立和私立学校生活的对比,但主要讲述了公立学校的酸甜苦辣——这碗美味的汤。下面这一章节,第四章:美国教会了我什么?是本书的核心部分,主要以我现在就读的Pomfret学校为蓝本,介绍我的一段新旅程。当然,前面三章里也涉及了美国教会的一些东西,而且下面这章里列举的也不全都是在Pomfret一个学校里领悟到的。人生是一个大课堂,只要有心,处处都能学到别人学不到的东西。按我的计划,本书截稿时,将是我在这所学校读完高二,10年级,还有两年,我就要高中毕业并升入大学了。

4
美国教会了我什么

“学”较之于“教”更为重要。
这里的“学”指的是积极的思考，
深度的领会和贯通，并付诸于应用和创新。

一、勤于思考，勇于质疑

有个叫 J. C. 的人在科罗拉多州一家大饭馆儿工作。他从不写下来客人点了什么，在该饭馆儿菜单里的 500 多个组合中（开胃菜、配菜、主菜、沙拉酱、酒水、甜点等），他却从未上错过菜。这个非同寻常的能力，引起了常光顾那家饭馆儿的顾客之一，科罗拉多大学脑科学家 K. Anders Ericsson 的注意。科学家最终发现了 J. C. 永不会被解雇的秘密（通过采访 J. C.，科学家得知）：J. C. 用字母把客人点的菜，按"开胃菜"，"配菜"，"温度"等编成码，再把字母和顾客的模样联系起来（比方说顾客的面貌特征或者穿着打扮）。例如，"一个戴红围巾的顾客点了一个五成熟的牛排"可能在 J. C. 的脑子里以"SK5/R"存储起来，所以他可以准确无误地 serve "a medium steak to a 'red - scarf'"。其实 J. C. 并没有什么特异功能，他只是善于思考，运用他的高度"组织"能力，总结归纳出事物中的规律，从而简化自己的工作难度。

类似 J. C. 用脑永保“饭碗儿”的例子不胜枚举。在美国 Starbucks 星巴克上班的工作人员，不论男女都不可以涂抹香水。为什么？咖啡店不是服装店，香水的气味会降低或者说干扰顾客闻到咖啡的纯正香气，从而有影响销量的可能性。是商家聪明吗？不。是星巴克销售部的人善于思考，这只是他们想出的如何提高产品销量的一个小点子。同样，在百货商场女装部的试衣间里放上香草，女装的销售量比没放香草之前提高了百分之四十。而把香草放到男装部试衣间里，男装的销售量反而下降了。为什么同样的策略，却产生了不同的结果？给男装部放上有“男人气味”的香水，销量就回升了。

我背过很多种英语词汇书（比如 TOEFL，SAT，PAST 等），背了忘，忘了背（当然首先是因为我太笨了）。记得住的，往往是那些靠关联性记忆的，像声音联想记忆（比如 cob—雄天鹅，声音像“考博”——考上博士，一举从“丑小鸭”变成了“天鹅”）。这些都说明了只要勤于思考，事情总会有圆满的答案。

在美国的课堂上，老师鼓励开放型思维，答案没有对与错（当然数学课和科学课的答案，对就是对，错就是错）。学生们也勇于阐述自己的观点，尽管有时它们有悖于主流思想。我记得高一英语课上，有一次老师叫我们就 Tim O' Brien 的 *The Things They Carried* 讨论对战争和对逃兵的看法。我就觉得"逃兵"并不应该受到"军事制裁"，因为"逃兵"们都是忍受不了战争对他们心灵上的"折磨"才当逃兵的，应该审判的是战争本身，而不是个人。同时，我还认为，历史上的很多不可避免的战争或重大事件本身，理论上并没有谁对谁错，要是我是当时的某个国王或君主，我也会为了扩张我的领土或者保护我的人民们而战。我的这些观点虽然和同学们的不太一样，但老师并不鼓励"一致"地"赞同"。他在期末评语中写道："Sage 是一个会思考，有见解的学生。"其他课堂上，像历史课或环境科学课等，老师们还经常鼓励学生们关注并讨论当今"实事"。这些课本以外的话题，常常能引发学生们对事实的深度思考和剖析，对社会舆论或国家制度的质疑，并锻炼学生们分析和解决问题的能力。其实，在我们学校，培养学生勤于思考的场合不仅在于课堂，像 Open House ——开放参观日或者招待会，Form Meeting（学年会议），这样的场合都既锻炼我们的思考能力，又给我们提供了接受别人的新奇思想的机会。就拿 Form Meeting 来说吧，我们 9 年级到 12 年级，4 个学年，每个学年都定期开自己的学年会议，会上讨论很多事，其中包括哪个学年最能筹集到资金捐给世界受灾地区。去年我们高一学年就从别的学年那里学到了很多新奇思想。高年级学长们也谦虚地向我们这些低年级学生们"传授"他们的宝贵"真经"。

洛克威尔说过，“真知灼见，首先来自多思善疑。”我们学校学生一年有三次对老师进行评估的机会，也是学生们参与教学、表达自己看法的好机会。学生们都认真对待和珍惜这些言论自由、各抒己见的机会，因为他们知道，他们的褒奖和批评，同样会受到校方和任课老师的重视。没有谁因为大胆地在评估上写上了自己的名字，而担心老师或者校长找他麻烦。也没有谁担心自己年幼，长辈的老师们不会在乎他们提出的想法。相反，很多老师还额外看重学生们对讲课方式、速度、深度、传授知识的清晰度、作业的分配比例等的质疑和建议。我母亲的系主任，每次都仔细阅读系里所有老师的所有学生们的评语，然后把系里的老师一个一个单独叫到系办公室，与其逐一分析他们的学生们提出的意见（老师们并不害怕这样的“领导会见”，因为他们的目的只有一个，就是想把事情做好）。我母亲每年的教学方案都根据学生的要求增新改动，她总是乐此不疲并感激和尊重她的学生们经过认真思考而提出的宝贵建议。她常说，“学生参与教学才是教——学之根本。学习者表达的他们的真实感受，是对教学过程作出的最大贡献。没有他们的‘真知’和思考下的‘质疑’，就没有教学的完善”。

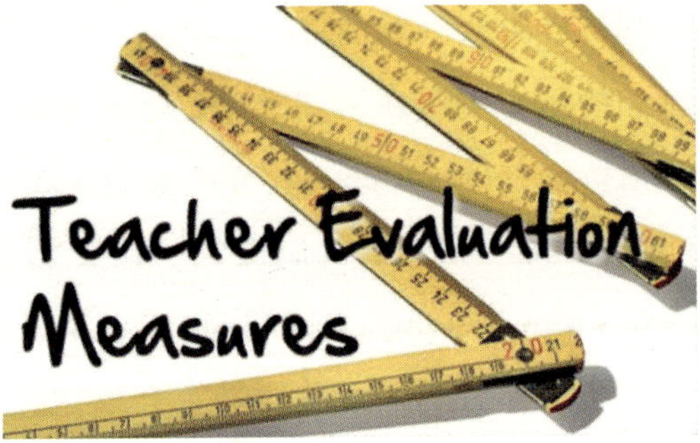

我相信在我们学校，除了老师们会认真读学生们给的评价以外，学生们也会认真读老师们给的评语，至少我是这样。同样，老师们一年也有三次，秋季、冬季和春季学期，给学生写评语的机会。通常老师们会对每个学生每个阶段的表现进行评价，其中包括课堂表现、作业完成情况和质量、考试测验分数、努力程度、学习态度与同学们合作的满意程度等。我把每个学期每位老师的评语都认真读两遍（其实读老师们的评语是一个锻炼英文的好机会），再把他们提的建议和意见都写下来（感谢他们的诚实，每次都给我提出很多意见），贴在书桌上方钟表的下面，这样每天抬头看表的时候都能看见，并常常提醒自己有哪些空间可以进步。这是我妈妈给我养成的"反思"习惯，我觉得还不错。

"我们不需要死记硬背，我们需要用基本的知识，合作解决问题和增进思考力"，一次听到一个演讲的人说。我们学校的老师正是用这种"合作精神促进思考力"的方法指导他们布置作业的方针。老师们常常布置"小组工作——全班展示/group work—presentation"的作业。这种模式不仅丰富了教学内容（大家轮流上前面讲，比老师一个人站在前边儿讲，更有意思），也加深了同学之间的了解和合作精神。拿我个人而言，无论是科学课、历史课还是英语课，我都特别拥护小组工作。首先，我的英文不够好，从我的同学那里我能学到比完成作业本身多得多的知识；其次，本来对某项作业没什么想法或者说无从下手的我，在跟小组成员讨论的过程中，我常常会进发出新奇想法，这令我和组内成员都颇感惊讶；最后，因为是小组合作，所以组里的每个成员都得到一样的分数。对我来说，常常是占了便宜，因为要是我一个人完成的话，肯定不会得那么高的分数。当然，为了不总是显得“占小组的便宜”，我得积极锻炼自己的思考能力，以“贡献”于小组合作工作。有时，我提前多花点儿时间，看看资料，掌握一下相关背景知识；有时是“合作”工作完了以后，我再反复推敲是否能再加些论据以完善某个步骤。总之，我觉得在与别人合作中产生的“无形”压力（比方说，我常常对自己说，“你是小组成员之一，你应该贡献点儿什么”），确实锻炼和提高了我的思考能力。

如果说“质疑”能力发展于“思考”能力之后，那“观察”能力就应该是发展“思考”能力的先决条件（观察→思考→质疑）。Medina 博士（*Brain Rules* 一书的作者）是这样培养和锻炼他的两岁的儿子的：

他和儿子常常玩儿一种游戏，叫“Pointing Game”，就是儿子用手，指什么事物，爸爸就看什么事物，然后二人相视大笑。对大人，听起来幼稚无聊（可 Medina 博士对此乐此不疲），可对于一个仅两岁的孩子可是其乐无穷（没有什么比大人和他一起开怀大笑更令孩子开心的了）而且受益匪浅（这么小的年

龄就养成对周围事物细心观察的习惯，真是难能可贵）。有一次，儿子指着花丛中的大黄蜂，爸爸往那儿看了，两个人大笑以后，爸爸轻声说“dangerous”——危险，一边教给儿子这个单词，一边告诉他大黄蜂蜇人的事实，一边把儿子的小手从花丛方向挪开。“Pointing Game”玩儿完不多会儿，听见儿子在园子里尖叫。爸爸冲出去，看见泪流满面的儿子坐在花丛边，举着一个被黄蜂蜇了的硕大的食指，嘴里喃喃地说“dangerous dangerous”。爸爸抱起受了好奇心“教训”的儿子，心疼地吹着他“变大”了的小手指。估计这次“警钟”不但教会了儿子“危险”的字面儿和实际意思（没准儿他终生都不会忘记），更令他在日后的“观察”实践中“张大眼睛”“三思而后行”。

对一个学生而言，如果你在课上课下还有课外活动中都经常锻炼你的大脑，那在生活中，你也将是一个善于观察和思考身边事物的人。这就是所谓的“脑子越用越灵活”。一次去看牙医的时候（每个月我都去矫正牙齿，矫正完以后，收款的秘书都给每位患者打印一份下次预约日期的小纸条。那个纸条后面是不干胶。每次矫正完牙齿回家以后，妈妈都把它粘在日历上，这样到日子的时候就不会忘了。要是谁不小心弄丢了那个小纸条，也不要紧。下次看牙的日期前一天，那位秘书都会亲自打电话，提醒每位患者第二天的预约时间。听起来，真够人文的，又是不干胶提醒小纸条，又是人工电话提醒。可是，这样很浪费资源、时间和人力），我手里拿着医生秘书给的打印小纸条，心想，要是发明一个“语音预约提醒器”就好了。秘书只需把“提醒器”调好日子（这个机器可以循环利用给不同的患者），患者回家把这个会“说话”的机器随便放在哪儿，到了日子，“提醒器”就自动“提醒”患者什么医生的“约”到了。这样，秘书就不用花时间把电话都打“热”了，去提醒每位患者的预约到期时间，医院也会省下不少电话费，无须打印什么“提醒纸条”，省纸、省油墨、还救了大树。一举数得。我妈听了我的想法笑着说，“好啊，那就等我儿子来发明一个吧”。

（某牙科医院诊所）

虽然我成为那个“语音预约提醒器”的发明人的概率小得几乎不可能（毕竟说明我是个善于观察和思考的人），但是我在这儿却有一个建议给家长们，来锻炼孩子们的思考能力。很简单，就是让孩子们表达他们的看法，参与一些小事的讨论甚至是决策。举个小例子，父母带孩子去饭馆儿吃饭，点菜的时候，服务员眼里没看到小孩儿存在似的（当然要征求付钱的顾客的意见，小孩子不付钱，当然不重要），直接问家长，“吃点儿什么？”即使有的小孩儿被服务员问到了，也是在最后，礼貌地加上一句，“那……小朋友要吃点儿什么呢？”有意思的是，十次有八次，爸爸妈妈都会替孩子们点（或者说“就吃我们点的”）。孩子们很少有机会参与到与服务员的对话中并真正想一想，“我平时爱吃什么？今天想吃什么？我真的爱吃樱桃肉吗（妈妈刚才给我点的）？我今天要不要换个宫保鸡丁尝尝（也许我应该问问服务员什么是“宫保鸡丁”？名字挺好玩儿，可要是辣的，就算了）？听听他们家的特色菜有什么？没准我想尝尝……”（后面我会谈到孩子的成熟度的问题）类似这样的小事儿都是绝好的机会，来锻炼孩子们的思考能力、问问题和回答问题的能力，学会为自己做决定，介入成人的对话并学习成熟。我相信大家都明白，“思维越锻炼越活跃”的道理。课堂上，当老师问“有没有问题？”时，你看吧，问问题的总是那几个“有问题”可问的学生。没问问题的学生真的都没有问题吗？不是。他们都是不知道怎么问问题，或是从未思考过自己到底有没有问题可问（从未思考，何谈质疑？）。这些简简单单的道理谁都明白，可惜这些小事小得太容易被人们忽视了。

二、敢于失败,敢于梦想

在一次一年一度的召集大会 convocation 上(每年秋季开学召开的,表彰上一学年品学兼优的学生的大会),我们的校长用他敢于失败并不放弃的故事,鼓励我们不怕失败继续努力直到成功。他风趣地讲到他第一次追求他的女朋友遭拒,之后的半年里遭了无数次拒绝,始终没有气馁的事儿,“现在那个拒绝了我多次的女朋友就坐在台下”。说完,他用手,指了指坐在第一排的我们的校长夫人。我们都报以热烈的掌声庆祝他的成功(掌声中他们夫妻二人会心地笑了)。在他们的笑容中我“看到”一张浮现出的脸——我的第一个足球教练的脸。读者们肯定还记得我在 SD 足球队经历的“悲惨”吧。教练 Mr. M 每次在我“失败”后都鼓励我别放弃。平时上学在教学楼走廊里碰见我的时候,他总是亲切地拍拍我的肩说,“放学训练见”,好像我是多么重要的队员似的。其实他用这种“期待相见”的鼓励话语,是不希望我掉队。训练中,当我被小组“踢”出来(没人愿意跟我一组)独自一个人在球场边无所事事的时候,Mr. M 总是单独帮我练习。他还告诉我看一些网上的足球训练技巧,并帮我打听到附近一个地方足球俱乐部,建议我到那儿去练习球技。我真的去了。学校秋季足球赛季一结束,我就参加了 Mr. M 推荐的足球俱乐部。那是个室内冬季足球训练项目，主要是巩固和提高球技，以备战春季赛季。俱乐部里一大半儿都是小孩儿。只有几个初中低年级学生与我年龄相近（我当时已经上高一了），我就跟他们踢。虽然他们比我小，可是都踢了几年的球了，球技都很棒。我很高兴和虚心地向他们学习。虽然，春季我没继续踢足球（足球不是我们学校提供的春季运动项目），但是我很高兴参加了冬季足球俱乐部的训练。

人生中失败重重：学业、生意、爱情、事业等。有的人失败了继续坚持。有的人不堪一击，失败了就放弃。也有的人从此被失败的阴云笼罩，没有勇气去尝试新的挑战。毫无疑问，我的失败远远多于我的"第一次"（我相信很多人也是这样）。在我的众多失败中，我很幸运地领悟到什么值得坚持，什么应该放弃。比如这几年来，虽然我的英语成绩一直很低，可我从来没有放弃过努力。不是因为英语课成绩很重要，而是因为语言，作为一个交流工具，对我在美国的生存有着至关重要的作用。所以，无论如何我都不应该放弃。高一的时候，我竞选过年级代表，失败了。如今高二的我，没打算再参加竞选，这暂时的放弃，是因为我看到了自己离目标的距离——现实告诉我还需要时间"强大"自己，等我"武装"好了，我定会再次发起冲击。经历了 SD"足球队"的磨难，加上"足球俱乐部"的备战，我又"相信"自己试了一把 Pomfret 学校的"第三足球队"（一队叫 Varsity，二队叫 Junior Varsity，三队叫 Third Soccer），最终还是放弃了这种运动（我庆幸自己看清了事实——无论我怎么努力，也赶不上队友们的实力)，去追求一个新领域——舞蹈“运动”(这次我高兴地为自己找对了位置)。

我发现第一次、失败、成功三者之间毫无比例可谈(没有人能预测失败多少次以后，就能成功)。去年我读的一本summer reading，*Outliers*，用比尔盖茨、甲壳虫乐队和美国众多知名球员的实例，阐述了一个“10,000 Hour Rule”，就是成功前要有一万个小时做准备。一万个小时里得有多少次失败呀，那得需要多少耐心呀！坦白地说，至今，我还没有一件事做足过一万个小时的。可能这就是我，和许多人一样，都是“平庸”之才的原因吧。可是我欣赏周立波说的，“当你失败了，就把它作为人生财富；成功了，就是财富人生”。我相信积累了一定“量”(10,000 个小时只是一个参考系数)的“人生财富”，必有一个“财富人生”。

我从小就想当一个艺术家。那时候艺术家对我而言就是一个画画的。从“懂”得“欣赏”美的时候起(不记得具体是几岁了，那时也算不上真正懂得美懂得欣赏美)，看着爸爸写得一手好字，画得一手漂亮画，就觉得自己也要当个画画的，让妈妈开心(每次爸爸送给妈妈一幅他亲自画的画，妈妈总是很高兴)，让家里蓬荜(棚壁)生辉(爸爸的作品挂在自家墙上，总比买的画有意义有韵味)。多年来，不曾记得这个梦想曾经改变过。虽然中国中考和高考制度的严酷和毕业后的就业压力，我仍然计划报考一所美术大学。央美和鲁美曾是我的“志愿”目标。为此，从 9 岁起，每个周末我都坐公交车一个多小时去画画班,当我的同学和朋友们都在奥数英语作文班上努力奋战(或者打瞌睡)的时候,我在画室里一坐就是4个多小时,老师不“撵”我走,我的屁股决不离开椅子。几年来从未间断,也从未觉得厌烦。到了美国,对艺术的理解探索和追求都广了、深了。这个梦想就变得更加坚实,具体和多元化了。虽然从事艺术是个“残酷”的职业,被认为是一个不争的事实(画家都很穷,跳舞的只能活跃在舞台上那么几年,戏剧歌剧现在都没人看了,搞艺术的又不好找工作,又养不起家等),可是,我还是初衷未改地为自己坚定的目标而努力奋斗着。最重要的是,我在这一目标的奋斗过程中,体验的是无限的快乐。比起那些没有目标,找不到目标,或者为自己的目标艰辛迷茫痛苦地奋斗着的人,我觉得我是幸运的。

要说梦想,大多数人都有。那些把伟大梦想说出来,并认真不疑始终如一地朝之努力的人,即使梦想没实现,他与之奋斗的精神和历程,也会感染周围无数有志之士。那些夸夸其谈,梦想众多并常常变换的,要么是不现实主义者,要么是学龄儿童(今天想当飞行员,明天想当老师,睡醒觉想当超人)。成功始于梦想。以前别说嫦娥奔月能成为现实,就连“看”(用高倍望远镜观察)月亮也是异想天开。现在人们都做到了,而且以后会有更大胆的梦想。我们学校有一个设备先进的天文馆(我就是在那里第一次“看”到月亮的。不可思议的神秘被“拉”到眼前好像触手可及,让我感觉遥远的星空,本就属于我们生活中的一部分,近在咫尺),那里的天文学者就是我们学校的科学教研室主任。他常常利用业余时间（好多时候都是在夜晚）免费开馆邀请大家来“看”星空，特别鼓励小孩子参加，并且有耐心地给他们讲解基本的天文学知识。他为什么这样做？就是要从小培养孩子们的好奇心，激发他们敢想敢梦。

（这是我们学校天文学老师用他的高倍摄像机拍摄下的银河系照片，此照片入选了世界级“哈勃财富竞赛”）

三、计划在先，组织性系统性跟上

我学到这一点，是从去医院看病跟医生预约开始的。在美国，无论是牙医、眼科医生，还是普通的体检医生，想见他们，都得提前预约。有的要提前好几个月才能约上。去饭馆，买机票，理个发，跟领导谈个话，下一年要选什么课，寒暑假做什么，什么时候该交实验报告,周末吃什么……生活中凡事都离不开计划。母亲在“计划办事”这方面,给我树立了一个好榜样。比如那次带我去中国驻纽约大使馆办理护照延期的事儿(我们这儿乡下进趟城里很麻烦)。她先上使馆网站查询了必带的申请资料,并在网上提前预了约(这样就省去了现场排队的时间)。申请材料中照片一项特别麻烦,尺寸特殊不说,关键是我们这儿没有照相馆。母亲就在家用相机自己照,鼓弄了好半天,上传到使馆网站发现电子照片尺寸太大。她琢磨来琢磨去,把尺寸缩小了,传上去了。去使馆之前,她又查开车路线图,还准备好了纽约的地铁地图,甚至还带了一把剪刀和一个格尺(怕照片尺寸不合格,好用来比量剪裁)。总之,能想到的,她都提前准备好了。当天,我们到达使馆,前后只花了十几分钟就办好了(大厅里排队等号办理的人惊讶我们的速度之快,他们中有好多一大早就来排队,一个上午了还没办好)。

合理切实可行的计划是成功的一半。按计划行动、据实调整计划、坚持到底是成功的另一半。记得我来美国的第一个夏天,母亲给我请了一个家教补习英文。老师给我讲 *The Holes*,留的阅读作业第二天问我,我都答不上来。后来,我订了一个周计划:每周末把下星期要读的章节先读一遍,在每段后面用自己的话总结一下大意,最后再跟网上下载的录音大声读一遍。果然暑假过后口语和听力能力提高了很多。几年下来,我已经养成了制订各种计划(短到两个多礼拜的小假期,中到 3 个月的暑假,长到一个学年的计划),并根据具体情况的变化和自己能力的改变而调整计划实施的步骤的良好习惯。无论是假期要做什么，还是要设计俱乐部的活动，我都事先几个月就把计划订好了，并留有足够的时间改进完善，在执行计划的过程中还不断地修改和提高。比如，从上高一起，我就为自己制订“年计划”（不是粗略的学习成绩方面的目标，是包括社交活动、业余活动和生活安排方面的大计划）。定好以后，再根据实际发展情况进行调整、修改和改善其细节。有了一个大方向，再把学习和生活的时间穿插安排合理。高一暑假三个月我完成了一个肖像画工程并按计划准时在高二开学的秋季学期举行了义卖活动。暑假里学的厨艺经过新学年秋季学期的演练，为冬季学期首创的校园国际文化食品节打

（这是我为国际食品节活动设计的宣传条幅）

下了基础(食品节的筹集工作之繁琐大大出乎我的计划,因为要组织十几个国家的留学生,从菜谱到采购,从设计宣传条幅和海报到编辑音乐和短片录像,从资金预算到烹饪准备工作。前后两个月左右的时间,我不断调整更新计划,计划有时以周为单位,有时细到以天为单位。虽然繁琐,但是事情越办越清晰,最后活动也搞得热闹圆满。最重要的是通过这项活动,学校里的一些默默无闻的留学生得到了学校师生们的认可,我也因此交到了很多热爱宣传饮食文化的朋友)。我写这本书就是用了几年的时间积累笔记,整理信息的过程(每遇到值得思考的小事儿,我就记下来)。这个长期计划不仅验证了我制定合理计划的能力,还锻炼了我如何系统地把这些年的"零零散散"组织成条理清晰,脉络分明的文章,更重要的是考验了我坚持到底,看到成功的耐心和耐力。

我想请问现在的高中生们,你是什么时候开始考虑有关大学的事的?如果你还从未考虑过,那就别谈考虑将来找工作的事了吧!如果你考虑过,是你自己认真考虑的,还是受外界的影响(比如听父母或老师督促的)?如果你还未考虑过,那你现在就应该考虑考虑了。这就是我现在的现实情况。高一刚念完,暑假的时候我就开始想了。就我的学习成绩,(虽然高一的成绩不理想,但我有随后几年的学习计划跟上)加上几年后的提高,再加上我在"全方面"地发展自己,我估计两年后,上一个中上流的大学应该不是问题(我了解自己,肯定去不了一流大学)。我知道自己将来的发展方向(有很多学生不知道自己学习是为了什么。为谁学，选什么样的专业，一概都是“走着瞧”或“不确定”），所以选大学的时候就不用“大撒网”。而且，我了解母亲的经济实力，所以这方面也是我考虑大学的重要参数（我早已经做好自食其力的打算了）。我现在大概有五六所大学的目标，学什么专业也早就有谱儿了。将来毕业以后，我也打算就专业对口找工作。虽然听起来都是“模糊”的大方向，但我知道自己给自己设计的路，会越走越清晰。因为是我自己选择的路，我在这条路上会“眼观六路，耳听八方”地锻炼和开阔自己，我也知道如何寻求良师益友的帮助。我还会借助，目前我的学校正在扶持高二到高四学生的 College Fair 和 Career Expo 活动来为自己勾画将来的蓝图。

（这是我们学校大学招聘会现场）

College Fair 就是大学招生集会。每年我们学校组织两次这样的活动。学校“大学申请咨询”办公室诚聘各大学招生处人员到我们校跟学生们进行现场面谈。每次都有几十个甚至是上百个大学参加。对低年级学生是一次“演习”面试,对高年级学生是实战面试,面试成功与否很有可能当场就决定是否被某个大学录取。不管是“演习”还是“实战”,对我们学生都是一次绝好的锻炼机会。从高二到高四,我们可以锻炼好几次。Career Expo 就是工作招聘会,通常对高四学生开放,一年只有一次。这种性质的会议在大学里很常见,但在美国也有高中毕业就想工作的。所以,我们学校也提供给即将高中毕业的学生们这样的锻炼机会。跟 College Fair 差不多,学校请来一些公司的代表,特别是成功的往届毕业生,他们介绍自己的公司并接受感兴趣的应聘者的面试。这些就是学生们锻炼如何表达自己,跟成人交流,并为自己寻找工作的机会。每年都有学生在 Career Expo 上成功地找到工作。

(Buckenll 大学工作招聘会现场)

3 - hole binder（带3个铁环的硬壳文件夹）在美国中小学特别常见。是学校和家长们培养孩子们有组织性（organizing）的一个小工具。学生们上课记的笔记和课后作业通常都写到散页纸上，然后用三孔打孔机打3个孔，再把它们穿到铁环上夹在文件夹里。交作业的时候，就把单张的活页纸从铁环上卸下来，这样老师就不用拿着学生们厚厚的作业本了。这种三孔文件夹便于学生随时添加活页纸，而且薄薄的活页纸有硬硬的文件夹外壳保护，不容易窝边卷页。可是我非常不喜欢。那种文件夹规格很大很重，放在书包里又硬又占地方。我只是第一天上学，老师检查学习必需品的时候带到学校，给他们晃晃（那时我在SC），然后就把它扔在家"睡觉"了。所以我的书包里经常放着一大堆散页纸：课堂笔记、课堂练习和作业都混在一起（找一个作业通常要花好一会儿）。一个多月过去了，也不见老师收课堂笔记和课堂练习，眼看书包里的"废纸"越来越多，我就把它们都扔了。这下可坏了，突然有一天，老师说要收从开学以来的课堂笔记和课堂练习。我一下子傻了眼，后悔自己瞎利索，没留下以前的。晚上借来RJ的笔记一顿狂补，又把旧的课堂练习重做了一遍，累得我昏头涨脑，只睡了几个小时的觉。第二天早上，脸上长了好几个大包。从此不敢再扔笔记了，也从此更加讨厌3 - hole binder。这个小故事其实讲述的是很多青少年都有的小毛病——没有组织性，事情乱糟糟一大堆，弄得自己一塌糊涂。如果你也和我一样，希望我的小教训也能教育你。

(I hate the 3 – hole binder)

一个个人也好,一个群体也罢,做事都离不开计划和组织这两个紧密相连的环节。为了建立一个以学生为本、合理规划的作息时间表,我们学校决定把一改再改的现行作息表制定得更科学、更人文,既考虑青少年的身体发育和身心接受能力,又顾及成年人(老师们)的多角色责任(老师得照顾陪伴家人,放学后的教练责任,晚自习的宿舍义务等)。经校领导班子无数次会议讨论,2014 年冬季和 2015 年春季,四位校领导(校长、学习部主任、学生部主任、生活部主任)分别跟随四个学年选出的四位学生代表(这四个代表中有男有女,有白人有黑人有亚洲人,有走读生住宿生美国本土学生也有留学生,有普通学生也有学年代表或宿舍长),参加他们一天的实际生活,从早上起床到全天七节课结束,从一日三餐到宿舍晚间自习再到熄灯上床，从各科教室到放学后的运动场或课外活动小组。有决策权的领导们把他们观察到的各年级学生代表一天的生活景象汇报给更大的群体，讨论草拟出几套方案，然后全校师生再一起讨论并完善一个公平合理人文的日常作息时间表。这项宏伟有意义（耗时费力但受益于全体师生）的工程体现了我们学校，作为一个社会团体，是如何计划、实施和组织一件平凡且伟大的日常事务，可是听说很多人都不喜欢即将执行的新课表。主要原因是学校取消了 AP 课程，老师们反映教授 AP 课程限制了他们的教学自由，因为老师们得利用课堂时间给学生们讲解考题，同时学生们也失去了学习的自由，因为把大部分时间都用在了备考上。新课表遭质疑还有一个原因就是每天由六节课变成了三节课，每节课都是 80 分钟长，这使有能力想多修课的学生少了很多选择。我觉得在尝试和验证新课表是否人文科学之前，应该抱着积极的态度给“改革”一个机会。

四、锤炼领导才能、生活技能之培训

有人说，美国注重培养领导才能，是因为美国想在世界领先（或者说维护他们的霸主地位）。我不知道这样的解释对不对，反正各种学校（公立和私立中学还有大学）都鼓励学生发展领导才能（Leadership）。拿我们学校为例，不管是开学前夕的 Prefect Training（宿舍长培训）和 Pre - Season Practice（季前体育集训），还是学年结束后的 Leadership Seminar（领导才能研讨会），我们学校都积极鼓励和支持学生们参加这些培养领导能力的活动。从这些活动中培训出来的学生们确实处处都发挥领导作用，时时严于律己为他人树立榜样。这些以身作则的榜样们把学校当做他们的家悉心爱护，时刻想着如何号召更多的人为学校贡献更大的力量。学校也经常诚邀他们这些年轻的“领导们”对学校的发展计划提出宝贵的意见。在讨论中他们帮助学校反思过去的不足，构想更光明的未来，修改不完善的制度。他们这种“主人翁”精神帮助了学校，也锻炼了自己在将来承担更大的领导责任。

前面我介绍过，私立学校有自己的学年日程表。有些公立学校放的假，私立学校可能选择上课（但私立学校学年结束要早于公立学校，暑假比公立学校长出差不多一个月）。比如，“马丁路德金”日（1986 年制定的这个美国联邦假日，每年一月份的第三个星期一，纪念马丁路德金——这个遇刺身亡的著名的维护人权主义者，他曾经获得 1964 年诺贝尔和平奖，著名演讲有“我有一个梦想——I Have a Dream”），很多私立学校这一天并不放假。我们学校就是其中之一。去年，有两名高四学生登门拜访我们校长，阐述了这个节日的重要性，并请求学校考虑放假一天，让学生们庆祝这个节日。今年，2014—2015 年的校历上，就看到了这一天停课放假并有庆祝活动的安排。校长事后还向全校公开感谢那两名有思想、有胆量的登门拜访的学生，并认为他们提出的请求有道理。

（Pomfret 学校冬季雪景，教学楼之一）

在我们学校比较重要的领导职位之一，就是宿舍里帮助宿舍老师管理宿舍的宿舍长（高三学生才可以参加竞选）。他们不但在生活上要处处做榜样，比如晚自习和熄灯准时、保持室内（自己房间内和公共场所）清洁安静，而且还要组织各种宿舍活动、处理宿舍成员之间的矛盾冲突、给低年级学生情感的成长当顾问等。他们的好榜样为低年级学生树立了标杆，等低年级学生升到高三的时候，他们也效仿他们当年的宿舍长，争当一名在宿舍管理事务中发挥积极作用的领导。像这样高年级学长带动低年级学生的例子很多。今年我们学校刚刚成立一个由学生发起的“高四学生指导”活动——Senior Mentor（就是一个高四学生“指导”一个新生）。具体来说，就是高四学生即将毕业这一年对新来的一年级新生进行有针对性的“指导”(比如选课,体育达标要求、课外活动、申请大学等方面的答疑和建议)。相信他们的经验定会帮助新生们顺利快速地步入“正轨”。其实,去年我在高一的时候就曾想到过类似的活动。我在竞选学年代表的时候,展示过几大活动的设计,其中一项就是组织一个“新生周末社交”活动(旨在帮助新生熟悉校园,结交新友),我还设计了几个开始的活动,只可惜,我没竞选上学年代表,因此没有机会“领导”那些活动。不过,我上高二的时候,在学校 Club Fair ——俱乐部招募活动上,确实组织了这个“新生周末社交俱乐部”,我给它起名为 SSS(Saturday Sunday Social),设计了一个海报还有几个初期小活动。只可惜,只有几个人签名就没办起来。我总结了失败的经验,希望明年对此作以调整和改善后,能开创起这个俱乐部。

从我的学校这个小团体不难看出,社会需要有勇气有胆量(那两个向校长提议马丁路德金日放假的学生)、正直诚实(宿舍长们和“高四指导团”的学生们)和甘于奉献的领导。领导都是经过无数风雨和考验才锤炼成的。没有谁天生就是当领导的料,也没有谁脑门贴帖标明“本人只是小兵”。我们学校很多留学生,特别是亚洲留学生,一般都是品学兼优(常常拿学习方面的奖项)的安静分子。在学校的“领导席”中几乎看不到他们的身影。近几年来,他们受到鼓舞和感染,越来越多的亚洲学生在学校充当了领导职位。比如,具有重要“窗口”宣传作用的“校园导游”职位中就有不少是由留学生充当的(他们无私地牺牲了很多个人宝贵的时间,带领来访者参观校园)。他们的"大使形象"不知给多少参观过我们学校的学生们(及家长们)留下了美好的印象,使他们最终选择在我们学校度过他们的高中生涯。他们的业绩有力地证明了:相信自己,给自己机会去大胆尝试,经过锻炼,你会找到一个适合自己的领导职位,并发挥你"微小但却伟大"的作用。中国有句俗语,"众人拾柴火焰高"。要是人人都以"领导"为己任,那整个民族就是一个"领导"的民族。

不管是领导者还是被领导者,生活生存技能的培训都是至关重要的。这一点在美国的所有中学都是必上之课。美国是个强调"安全性"至上的国家。上至国家国土安全局,下至联邦调查局和中央情报局,再到各州和地方的警察局,都把安全第一作为他们的口号。学校也不例外。各教育机构和团体不但强调突发和紧急事件,这些危及人身性命的安全问题的处理和应对,而且注重宣传营造"安全"的课堂气氛—也就是舆论的安全(比如,一个老师如果能营造一个"安全"的课堂,学生们就会畅所欲言、各抒己见地发表个人见解,而不会担心自己被嘲笑或被排斥。换句话说,在一个"安全"的课堂上,学生们能更充分、更全面、更大胆更真实地表现他们自己)。Fire Drill 防火演习,Lockdown 一级防范禁闭演习是每所学校每学期都必须进行的"课程"(特别是在美国康州一小学校发生枪击大案之后,各学校更是加强了安全性教育)。师生们都被告知,听到什么样的警报做什么样的反应、到哪里藏身等指令,并经过反复演习,直到大家都熟悉了每个步骤。我母亲给我讲过她在麻州公立学

（某学校一级警备演习 lockdown drill）

校的一次 Lockdown 演习。那是她刚到那个学校的第二个月。正上着课，广播里传出，“Lockdown！ Lockdown！ Lockdown！”三声喊声。我母亲依照之前学校培训老师处理紧急事件的要求，把教室的灯关了，门锁了，叫学生们都靠墙躲在隐蔽处并保持绝对安静。突然，她看见系里一位同事在门口敲门，大喊，“让我进去”。我母亲快步走到门口打开了门。她同事身后站着一个州警察（在公立学校的 Lockdown 演习，地方警察局都派人实地监督指导）扮演的“坏人”用“枪”逼着那位同事。我母亲没有“通过”Lockdown 演习。只要“Lockdown”口令传出后，老师们就该锁好门，保护好学生。谁在外面叫也不开门，不管是不是熟人。以避免犯罪分子利用人质“敲开”教室的门，伤害学生。直到听到广播里发出“clear”的命令，才表明“安全”了。我母亲好心给同事开门，却被“犯罪分子”利用了。

在我们学校,每年仅防火演习就要进行好几次,有专门对教学楼的防火撤离演习(老师带领学生从教室转移到指定的安全地点),也有对宿舍防火演习的操作(宿舍管理老师和学生宿舍长带领大家迅速撤离"现场")。不管什么场所的演习,大家都知道,窗帘要放下一半,室内的灯要开着(跟 Lockdown 演习正相反,Lockdown 演习时灯要关上),门窗要关上而不能锁上。"领导者"们更熟知他们的职责:第一个召集大家,并查看所有的屋子,最后一个撤离现场,到室外安全地点清点人数等。类似这样的突发事件的处理,不仅在日常学校生活中强调,就连暑假的夏令营也必须做到。两年前,我在麻州一所学校的夏令营里,短短 4 周就进行了两次这样的演习。夏令营里很多来自外国的留学生,从来没有过这样的经历。夏令营的保安处处长一再强调安全的重要性,还给我们播放各种警报声音,有一级警报、躲避警报、平安预报等(演习时,整个校园所有角落的喇叭都听得到这些警报声,每个人的手机里会立刻有一条"紧急事件通知"的短信)。他叫我们牢记对何种声音进行何种反应。自 2012 年 12 月康州 Newtown Sandy Hook 小学发生的连环枪击案以来(犯罪人 Adam Peter Lanza 强行进入教室枪杀了躲在里面的小学生,其中有 2 名小学生趁他换子弹的时机跑了出去,反而得以活命。另外几个教室里"擅自"跑出校外,到居民家躲避的孩子也得以求生),美国修改了在学校 Lockdown 中的部分要求,就是孩子们可以用自己的判断力,选择他们认为安全的地方躲避(如果他们认为教室并不是“安全之地”的话),直到他们认为安全得可以出来了。美国也因此严格控制了枪支买卖。

“安全感”是一个广义抽象性名词,不能光理解成人身安全。我们学校更注重给青少年营造一个心理和精神上安全成长的环境。2014 年秋季刚开过年度学术表彰大会,因会上受到表彰的绝大部分是亚洲学生,这引起了一些美国学生的嫉妒。会后,他们在网上(YikYak)公开攻击获奖者(言语肮脏并带有歧视感)。有些凑热闹的学生在“评论”栏里“赞同”这种语言攻击行为。还有的学生趁火打劫地“评论”校园里其他人和事(有的帖子居然指名道姓)。他们不负责任的肆意行为马上受到了校长的高度重视及严令禁止和惩罚。他召开全校大会,公开表示这种对受害者心理和精神上的伤害(种族歧视、性别歧视、能力歧视)在我们学校是绝对不能容忍的。校长动用一切关系干预学生上此网站的渠道,并采取法律手段及时阻止了事态的发展。事后,知错的学生到校长室勇敢地承认并改正了错误。我们校长在舆论“自由”方面的强硬态度还表现在制止学生们在网上不经他人允许刊登照片、转发信息等。Yik Yak 后,学校又出现了几起网上“媒体评论”事件(不恰当地发表别人的照片和评论)。当事人都遭到了全校通报并被处罚的后果。在现今不良影响泛滥于多媒体的社会,有这样一个关注青少年全面健康和安全的校长和学校,对我们来说是幸运的!

很多家长把孩子送到住宿学校都希望学校能培养孩子们的生活技能，而且他们相信只有在集体中，个人才能获得全面的发展。不管是宿舍里整理房间、管理个人物品和保持公共卫生的习惯，还是学会合理安排和分配时间（作业、课外活动、社交、体育训练和比赛）的能力，集体生活的经历中他们都会找到学习的榜样。同时家长们也相信，学校能提供给孩子们各种机会去多角度全方位地理解“生活”。

我们学校的心理咨询办公室（Counseling Office）帮助同学们解决心理生理和学习各方面的问题（比方说，学生早恋失恋、心理压抑、学习压力、家庭纠纷带来的和由青春期发育带来的各种“矛盾”），指导学生如何处理同龄人之间以及青少年和成人之间的关系，教会青少年如何有效地交流、沟通和正确表达自己。

学校每学期有一个“周二演讲论坛”，每年还有 Schwartz Fellow（一名姓 Schwartz 的毕业生每年捐 1 万美元的基金，专门为学生们请 1 名有成就有影响力的学者或演讲者，来我们学校进行为期 3 天的访问，期间师生们有各种机会和场合与演讲者进行近距离接触交流和研讨）和 Lasell Fellow 演讲活动，学校还专门邀请各领域名人和成功的毕业生（有诗人、商人、教授、科学家、艺术家、作家、记者、运动员、电台主持人等）跟学生们分享他们生活中的心得、技能、教训和奋斗历程。

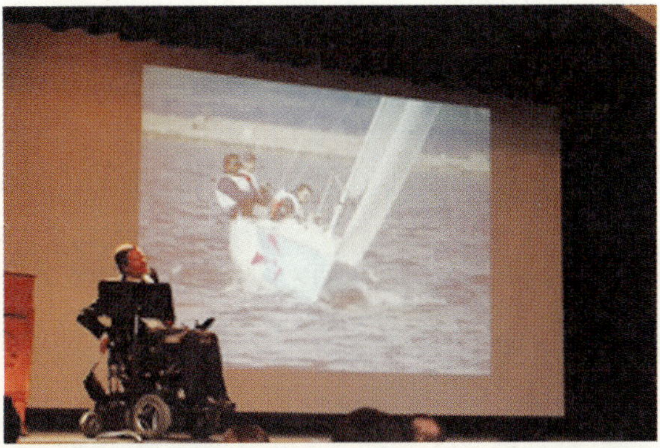

2013年我们学校请来的世界残奥会帆船航海运动员 Paul Callahan 给我们做演讲 Lasell Visiting Alumnus, Paralympic Sailor, Paul Callahan, inspires the campus, 2013 April, "Perform your best at every single chance"。他说:"抓住每次机会,表现最优秀的你。"

我个人在 Pomfret 学校不到两年,在领导能力和生活技能方面就得到过很大的锻炼。每次听到应邀校友的演讲也颇有感触(尤其是他们遇到的挫折和怎么战胜困难的故事)。我常常问自己,出了校门,给自己的生活做主的时候,是否已经具备了基本的素质,比方说时间观念、奉行计划和个人信誉。目前,我在研究如何领导一个有影响力的"中文俱乐部",学习怎样革新一个成功的 Open Mic(一个校园才艺表演活动),组织和开创一个更广泛的"国际食品节"活动。我相信这些活动会鼓舞更多的人参与,奉献并激发他们的领导才能。住在宿舍这几年,我不但养成了专心做事(感谢每晚两个小时的安静的晚自习时间)，高效利用时间的生活习惯，而且还学会了容忍、尊重和接纳他人的生活习惯。

五、接纳与包容，人人平等

我对爱因斯坦“学校的目标应当是：青年人在离开学校时，是作为一个和谐的人，而不是作为一个专家”这句话的理解是，学校应该培养学生的团队精神和包容心。无论是宿舍生活、体育训练和比赛，还是课外活动和文艺表演，美国，这个多种族移民国家的教育制度里，都强调集体合作精神——在集体中，个人要调整步伐和心态，以适应群体的节奏。比如，宿舍里你的同屋喜静早起，你却是个爱热闹的“夜猫子”，为了和平共处，你们双方都得稍作忍让和改变，生活才不至于争端重重。要是谁扭着性子我行我素，“不如意”的事儿肯定天天找你“麻烦”。再如，训练场上，你一个人带着球往前冲，拼命想“立功”，而不给队友合作机会，那你不仅队里没有“人缘儿”，教练也“不敢”冒险把你这个“个人主义”放到比赛场上而“影响”集体荣誉。连文艺表演也编排合奏为主的整台节目(独奏独舞独白只占小部分)。

美国的高中和中国的高中有一个很大的不同，就是选课方面的自由。跟大学体制接轨，每个高中学校都开设必修课和选修课(不同的是，大学生以专业为指导选课，高中生以兴趣为主考虑选课)。只要在毕业以前选完规定的必修课,其他学年的任何学期都可以根据自己的兴趣爱好选择选修课(选修课的科目远远多于必修课,所以不必担心选不到自己感兴趣的课的。倒是有的选修课因太“热”而有可能选不上。比如,我从高一到高二选过四五次陶瓷课,都没选上。学校里只有一位教陶瓷课的老师,她每学期只教三四堂课,每班只收15个人左右,选她课的学生太多,学校都安排不过来)。不论是必修课还是选修课,学校都按照学生的能力和兴趣(分班考试和平时的学习成绩),而不是按年龄编排班级。也就是说每门课的班级里学生的年龄都有差别(大多数课都是对高一到高四全体学生开放,一门课的课堂上可能有高一的学生,也可能有高二高三甚至高四的学生。比方说微积分和统计学这些通常美国高年级学生选的课,亚洲学生底子好,一来美国,高一高二就可以跟上/有时甚至是超出美国高中高三高四学生们的水平)。学校这样做有以下几个目的:

第一,平等对待学生的学习能力。你的能力够哪个水平就上哪个水平的课,虽然你只是高一,可是数学水平高,当然有理由有能力跟高三或高四的学生一起上课。要是死板地把你硬安排在高一,与其他比你水平低的同年级学生一个班学习,你会觉得无聊郁闷又浪费时间,你的同学也会觉得你“格格不入”(你的水平太高)而“孤立”你。如果你一直没有画画的基础,即使你上高四了,也会被分到绘画初级班,班级里通常是高一高二的学生。另外,学生们在能力相当的群体中,不会感受到“智力低下”的歧视。

第二，有年龄差异的班级，对学生对老师都是一种挑战。大孩子得学会忍让小孩子，小孩子可以学习大孩子的成熟。不论年龄大小，他们都会在合作中互相启发共同进步和受益。对老师也是一样，既要平衡学生“参差不齐”的心理承受能力，又要考虑不同年龄的学生们的情感发展的需要。挑战中，师生们一起磨合一起成长。

第三，按学习兴趣分班，尊重学生们的选择。如果班级里的学生都喜欢钻研物理、计算机科学，或者都爱好戏剧、音乐，那他们的合作肯定会主动、愉快并事半功倍。即使学生中存在年龄差异，这种差异也会被他们的共同兴趣所“同化”。你会看到生物实验室里，有着共同爱好的小组成员中，大孩子耐心地等待小孩子完成实验步骤；戏剧课堂上，有表演天分的同学们，不分男女和“戏份儿”的轻重，热烈地发表自己对角色的体会；音乐课上，高年级学生手把手给低年级学生示范的“能力无差异”景象。

第四，为学生们模拟了一个微型社会。当步入社会和工作岗位时，我们经常跟与自己年龄相差几岁、十几岁，有时甚至是几十岁的人打交道。没有一颗谦虚包容的心，怎么能在社会中立足呢？我们学校一个学生一天六七节课要更换不同的合作群体，数学课一伙儿，英语课一帮儿，运动队一组，每个群体里都有与自己性别、兴趣、审美能力、对事物的看法有差异的成员，在与各个群体的合作中，我们可以锻炼对彼此的包容、接纳和欣赏。

我们学校的校历分“红周”(一周上五天课)和“黑周”(一周上六天课)。每逢“黑周”的星期二放学以后有一个叫TELL的活动(全校学生必须参加的命令性活动)。有好多学生不喜欢去,可是我觉得是个学习的好机会。TELL的全称是Teach - Engage - Listen - Learn就是让学生们互相交流倾听参与并学习(不喜欢去的学生都是不愿意把他们的时间“浪费”在“听”别人的事儿上和“无话可说”的人)。组织TELL活动的老师们有时会请一些演讲者,有时就是对学校的一些见闻让我们进行讨论、表达自己的见解或者讲讲自己的经验。通过参与讨论和聆听他人的故事,我“认识”了很多人。有的,我从未跟他/她说过话,可是他们的见解独特深刻,让我对其敬畏;有的,平时叽叽喳喳,到了关键场合“哑巴”了;有的,观点听起来很“激进”或很“消极”,讲的倒蛮有道理;有的,要么“人在魂儿不在”(或心不在焉地东张西望),要么忙着发短信(或焦急地“盼望”活动结束),举动实在碍眼。学校其实就是一个微缩社会,在这里你能看到形形色色的人。总之,我很感激学校安排的这个让我“认识他人”的活动。

除了TELL,我们学校还有很多活动让你思考、感受并享受到人人平等。比如,Black History Day 和 National Girls and Women in Sports 日宣传的种族人权和女性平等,各种族的宗教信仰平等对待(比如,我们学校犹太教新年的时候,犹太人老师和学生都享受假期不用上课)。我们校长、校发展办公室经常请各年级学生（谁都可以去）吃饭，他们尊重和鼓励学生们畅谈，并从年轻人的热血里得到启发。学校里受到平等待遇的有成人也有学生。小事儿诸如经常看到我们学校的男老师为女士（女同事，女学生）开门。我母亲说，她刚来这个学校的时候，有一次，前面走着的“大个子”为她开门。因为这是西方国家的基本礼节，所以她就没客气地先进了门，当然随后说了谢谢。后来得知那个“大个子”是校长，觉得有点儿没给领导“面子”。再后来碰上与校长一前一后的时候，她就跟领导“客气礼让”一番，每次绅士的校长都坚持让我母亲先进门。再往后，我母亲就习惯了这种“礼”所当然的优先了。再如，校长请学生们到家里吃饭的时候亲自下厨，校长夫人也亲手为学生们烤点心，餐桌上那份轻松的气氛和校长认真聆听的眼神，常常是孩子们吐露心声的原因。未成年的青少年们又从饱经世故、经验丰富、平易智慧的校长那里得到了多少真诚宝贵的建议啊！

在我看来字母评分制也体现了人人平等。比方说93分以上的都得A，这里没有94和99的分别，在能力上他们都属于“优秀”级别（虽然百分比分数不一样）。这就好比到了社会上或工作岗位上（记住，出了校门就没有人再给打分了。多半评定一个人的能力都是用好—不好，或者，不合格—合格—优秀，来决定。这些衡量标准是自由的和大概的，界定范围也是模糊的。究竟什么是“好”？到底多好算“好”？“不好”到底有多不好？“不好”的最低标准是什么？这些都没有一个准确的答复，也不是能用分数来衡量的），领导给你一份任务，说今、明两天完成就行。那就是说，今天完成和明天完成没有什么区别（顶多你“今天”完成了，“明天”歇着，说不定领导见你“明天”歇着了，又派新任务给你）。到底怎么完成算合格（或是令领导满意），领导完全相信作为成人的你是心知肚明的。

说起领导，要是一个领导做不到平等待人会怎样？2006年2月21日星期二，51岁的Lawrence H. Summers宣布辞去哈佛校长职务，成为哈佛校史上自1862年以来任期最短的一届校长（他被任命于2001年）。为什么业绩辉煌的他甘心辞职呢？（20世纪80年代，Summers就是经济学终身教授。后就职于世界银行。在当哈佛校长以前，官至比尔克林顿总统的财政部长）Summers任职以来多次对待有色人种不公平（黑人教授Cornel West辞职去了普林斯顿大学，教德国对比文学的Judith L. Ryan发起反对他的投票活动等）。后来他在一次演讲中说道，“内在资质导致了女人在科学数学领域中崭露头角的不多”。明显带有女性歧视的一席话，引起了学校艺术科学学院全体教职员工投票反对他的校长资格。虽然后来他多次公开就他的“失言”道歉，但是艺术科学学院全体教职员工的集体力量和压力，最终导致了Summers被迫辞职。

再来谈谈我对同性恋的看法。我才上高二，目前还没看到同学之间有公开同性恋的，但是我们学校老师中有。同学们也都知道是哪儿对儿。比如我们历史系有一位女老师，来应聘的时候并不隐瞒其同性恋恋爱关系。我们学校不但没有因为这个原因而没雇用她，反而在聘用她的当年夏天，在学校的小教堂里为她们举行了隆重而温暖的婚礼。我们学校众多俱乐部组织中就有一个支持同性恋的团体宣扬同性恋平等的观念。俱乐部成员里的老师和同学们，每年 4 月里的一天有一个 Silence 的活动，就是那一天用“不说话”来支持同性恋（有些学生钻这个空子，利用这一天避免上课回答老师的问题）。这一天结束，傍晚的时候，他们聚集在学校的“自由钟”前，敲响“自由钟”并大喊。他们用这种形式唤起人们对同性恋群体所遭受的不平等待遇的重视。

我在来美国以前，没太想过“平等”的意义。首先因为中国不像美国，是一个多种族的移民国家。即使我们有五十几个少数民族，也都是有着共同信仰和肤色的华夏子孙，因此没有真正意义上的种族歧视现象。以前，我对“容忍包涵”的字眼儿也只是字面上的理解（在作文里用过）。来美国以后，学校上课的“分班”以及各种活动的“分组”制度，给了我机会切实体验什么是“接受”，什么是“忍让”，什么场合应该“包容”什么样的人，怎样做才不伤害自己和他人，以及“包容”“平等”究竟能给人给己给大群体（比如社会、国家）带来什么长远好处。我领悟到经历得越多，心越宽；想得越深，看得越远。我在逐渐学会用一颗深远柔软的心“欢迎”一切！

六、自身价值与社区观念的认知

发现自身的价值要从了解自己开始——了解自己的能力，也了解自己的优缺点。来美国这几年，我常常思考“能力”这个问题（诸如，我有没有“能力”？我有多大“能力”？做一件事情，要是我个人的“能力”不够，怎么办？“能力”和“潜力”中间有多远？怎样变“潜力”为“能力”？如何借鉴他人的“能力”？怎样把我的“能力”融合到他人或集体的“能力”中？等等）。学校里，一些知识被计划在某段时间教给某些特定年龄的学生。但是每个人的大脑发展成熟度，导致每个人有他自己的接受能力。同样年龄的孩子的智力却是多样复杂的（没人知道这是为什么）。就学习成绩而言，期待一个班的学生都得 A 是不现实的，对某些人也是不公平的。（大脑“指挥”人们用特殊的“路径”在特殊的时间，完成特殊的任务。没有人能预测大脑何时对何物“感兴趣”或“集中精力”。比如对科学“不感冒”的我，目前大脑还没找对“路”去理解老师认为应该“没问题”的“道理”，尽管我的大脑和得 A 的学生的大脑外观上甚至内容上没什么区别。好在我和母亲都“不焦不躁”地等待我的这个慢性大脑对学习“开窍”）既然人们不能探究个体大脑的神秘，也改变不了一个人的大脑如何“连接”外界知识，为什么不尝试顺应个体特性的教学内容呢？可能我所想的“个性化”教学是“乌托邦”式的妄想，无法操作。但我还是希望老师们细心观察哪些孩子有什么特殊需要，并“巧妙”地“教”给这些学生一些“特殊工具”。

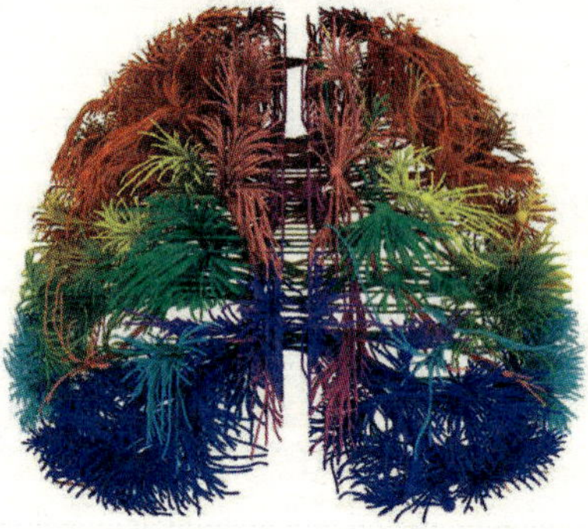

（Mysteries of the human brain——人脑之神秘）

一个人越早对自己有一个充分的认知，就可能会越早发现自己的价值，发现自己有价值的时间越长（自我价值观积聚的时间越长），就越有可能思考个体与社会之间的关系（自我价值贡献于社会的机会可能就会越大）。可能我的这种推论还需要理论上的详尽证明，因为这毕竟只来自我个人经历的总结。十几年前，在我还是六七岁的时候（那时母亲还没有出国），母亲和我晚上睡觉前躺在一块儿，做一个“游戏”，就是悉数彼此的优点（像玩扑克牌，一人一次，轮流说出对方的优点——不是自己的。谁说不上来了，谁就输。输了的人就亲赢了的人一下。我们这样玩儿：我妈妈出一张牌说“我儿子爱干净、爱整洁”，我驴唇不对马嘴地回一张牌说“我有一个胖妈妈”——那时我认为“胖”是优点，因为我很瘦。妈妈再出一张说“我儿子心细、心眼儿好”，我回一张牌，“妈妈做饭好吃”……以此类推）。输的人总是我（但我却乐得因此亲妈妈一下），因为我观察母亲没有母亲观察我观察得那么细（她看到我身上的优点比我看到她身上的优点多）。可是这个游戏却让我从小就从听别人分析自己而正确认识到自己，意识到自己有哪些优点（当然还有缺点），也注意观察别人身上的长处。以后这个“认知分析自己和他人优点”的优点一直伴随着我待人接物。

我是在当校划船队掌舵手的时候，认识到自己的自身价值的。开始的时候，我和很多人一样，认为划船的才重要够体面。他们不划，船怎么能动呢？训练前期都是些针对划船手的室内体能锻炼，根本没我们掌舵手的事儿。划船手们也有点轻视在体育馆里“无所事事”的我们。我也觉得人家卖力训练我们晃荡，又浪费时间又不好意思。好不容易熬到上了湖面，我更不知所措了，因为我从来没上过那种只有一人宽的，

细长排前后做4个划船手的船（加上我，船上一共5个人。毫无经验的我能当上掌舵手，就是因为我体重轻。掌舵手体重越重越给船员们划船带来负担。但是掌舵手也不能太瘦。正规比赛掌舵手是有体重标准限制的，太轻的，要往船上装沙袋以补足规定体重重量）。作为掌舵手，要知道很多技术问题。我的英文又来制造障碍了。有很多术语闻所未闻，有时问了教练好几遍也记不住。指挥船的时候，有好几次指挥得东倒西歪（船员们听不懂我的英文），闹得划船手们有时对我不服气。有两次，我指挥，他们不听，气得我干脆不指挥了，他们在湖上乱划一气，船干转悠也没“走”多远（这种船是掌舵手“缩”在船头，面向目标，眼前有一个“坐标仪”似的机器，手里有一个舵掌握船向左或向右。划船手面对掌舵手背对终点而坐，他们只有一个任务就是“划”，使劲地划，在某些水段要拼命地划，比方说要赶超别的船或接近终点时的冲刺。划船手要坚决听从掌舵手的指令往哪儿划，划多快，划几下，因为只有掌舵手能看见终点。这种运动最忌讳个人划个人的，因为力量不均，会导致船体倾斜摇晃，不但不走直道，反而影响速度。第二大忌讳，就是划船手不听指挥，也就是不相信掌舵手。我是第一次上船，这谁都知道，队里有几个“老”划船手不相信我的能力，所以才乱划一气，导致我的“罢工”。我心想，“你不是不听我的吗？那你自己划，看你能划哪儿去？你又不能往后——就是往终点看”）。最后还是听到了教练在岸上的大吼，我们才老实地“各就其职”。其实，我用“耍脾气”的办法根本不能提高我作为掌舵手的重要性。还是我具有鼓动精神的大嗓门为我提高了"威信"和信任。经过"摩擦"不断的一个多月，终于迎来了第一次实战比赛。我那为集体荣誉争光的激动心情把嗓子都喊"破"了，"鼓舞"我的船员"划呀！""使劲地划呀！""使大劲地划呀！"我的指挥虽带着英文语法错误，他们也都"明白"地听从了。第一次出战，划得还不错(反正没倒数第一，也没倒数第二)。比赛完了，大家都"心疼"地拍拍我的肩，有个船员还递给我一瓶水。从此，大家都说我们这个船队还真缺不了我这个鼓舞人心的大嗓门。我这才找到了我的价值。

以后我慢慢地发现了自己更多的价值。从 2012 年龙年除夕，在我们学校餐厅后灶炸丸子包饺子开始(那时是自愿给学校餐厅帮忙)，我才知道中国菜在美国是如此受欢迎(以前只是听说过中国人开的餐馆在美国很受欢迎)。从那时起，我开始为自己是拥有美食文化的中国人而感到骄傲。之后的几

年，我向母亲学了几手中国菜手艺，其中包括包饺子，在后来组织中国俱乐部的活动，庆祝中国新年的活动，还有组织国际食品节的活动中都得以大显身手。再后来，我开始晚自习后在宿舍卖饺子（搅拌机还是我亲手组装的呢。记得第一次刀片装反了，打出来的白菜馅儿都成白菜汁儿了。卖饺子这件小事儿，从准备馅到包到煎再到卖，每天占去我很多学习时间，所以我学会了利用零散时间高效地学习，以完成我许诺的卖饺子的“诺言”——我在宿舍门口贴上通知说哪天在哪个宿舍卖，所以无论如何也不能失信于我的“顾客”。我把卖饺子的钱攒起来，将来给自己交大学学费，虽然数量不多，但也可以减轻一些我母亲的经济负担）。我用我简单的厨艺，交到了很多朋友（有一个朋友还免费帮我设计了一个“饺子王”的网页，顾客们可以通过网络填写订单，目前正在“试验”中），既有外国人也有中国人，既传播了中国文化（不仅仅是饮食文化），又有机会跟其他国家的人们和他国文化进行交流，还锻炼了我的组织能力和领导能力。最重要的是，我在这些经历中渐渐发现我有能力贡献我的个人价值给群体。

发现自身价值到积极贡献这一价值是一个进步。如果觉得自己有责任将自身价值转换到社会，那就是一个高度的进步。中国文化博大精深、源远流长，我总希望自己能成为其独

特的文化代表之一。我在时时寻找这样的机会。除了每年春季跟 Wesleyan 大学中国民乐乐团的音乐会合作外,我先后联系了几所大学的演奏中心,希望与他们合作演奏中国音乐(目前已获成功的有 Bucknell University 和 Gettysburg College,正在联系的有 Brown,Yale 和康州大学)。通过康州残疾人协会的联系,我还去过几家智障儿童中心、疾病康复中心和老人院,给他们演奏音乐,画画,陪他们聊天。在考虑组织学校的中文俱乐部的活动时,我想积极吸引外国人参加,让他们通过丰富多彩的活动认识中华民族。同时,作为一个"老生",我也处处帮助新生尽快适应他们来这儿的第一年(我就住在新生宿舍里)。就拿新来的留学生来说吧,我自己经历过"艰难"的留美第一年,深知"有人关怀"的温暖有多重要。我从新留学生来的第一天,就挨个屋"走访"他们,问他们有没有什么需要帮忙的。新生培训那几天,我帮他们搬东西,带他们熟悉校园,拉他们踢球,一起听音乐玩游戏,陪他们买书买日用品,走到哪儿都招呼着他们一起,使他们不觉得孤单。后来听一些老师们说,很多留学生刚来的时候,碰到问题,第一个想到的和联系到的人就是我(我的手机号是他们最初存下的几个之一)。我听了,心里暖呼呼的。开学的前几周,走在校园里,我也总是热情地跟他们打招呼,问长问短,还把他们介绍给我的朋友们。学期间的假期,他们回国的时候,我还到送他们去机场的大巴车站,帮忙提个行李,并温暖地递上一个小纸包,里面有一瓶水、一个苹果或一袋巧克力。(这些都是我卖饺子挣的钱买的）东西虽小，可我的心是温暖的。我知道他们早起赶机场大巴，通常没时间没胃口吃什么。希望去机场 3 个多小时的路上，他们渴了的时候，手边有一瓶水，饿了的时候，能找到点儿什么先充充饥。如果说，现在我只能通过做这些小事儿，把个人和社会联系起来的话，那么，我还需要积攒更大的个人能力（多学、多经历、多思考）去对社会做更大的贡献。

在我们每天放学后的 2 个小时的运动项目里，有几个不是运动的“运动”可以“顶”运动的学分。其中有一个叫“Community Service”社区服务小组，放学后不是到运动场上训练，而是在社区周围做义工。

（我们学校社区服务小组在给社区做贡献）

以前我对社区的概念就是我家住的那个片儿区，仅地理位置名词而已，跟个人和家庭没什么大关系。偶尔听说社区举办什么活动（通常是给老年人的），仅此而已。到了美国才慢慢了解到广泛意义的社区概念。举个小例子，我的前两个家教都是我现在这所学校的毕业生（那时我还没到 Pomfret 学校读书）。碰巧她们都是韩国人，体育不太强，就找些社区服务的机会，用之所长，同时又不用“选”体育课。她们俩都会中文，英文又好，所以义务给我这个社区一分子补习英文。她们用自己的英文专长，贡献给社区（具体说是“我”）的时间（一周4次，每次1个小时，跟从事体育活动的时间差不多），就“顶”了体育课的学分（体育课是她们毕业的必要条件之一）。她们的经验和社区服务记录，跟从事体育运动拿到的奖项一样，在申请大学的资料中耀眼。我作为社区受益的一分子（因为是义务家教，不花钱），学到的是感激与回报。这就是我对社区概念的新理解：奉献并回馈。

我的第一次对社区的回报是2012年6月（那时我还在SC上学）捐赠给Pomfret社区200块钱（是我平时攒的零花钱）。当时，除了金钱我还没想到自己能做什么。可是，我听说有很多人以自己独有的方式为社区做“贡献”。比如，有人带着狗在社区周边徒步走，听说一天走好几个小时。他们请路旁的社区居民捐钱，然后把这些钱捐给“动物收留站”来喂养治疗流离失所的动物，多半是猫、狗等动物（在美国，这样的动物收留站很多。在那里工作的人都是做义工，不拿工资的人。他们照顾和饲养动物，为它们治病给它们一个家。电视里杂志上也经常有请求捐助的广告。收留站的开销都靠社会人士的捐款。人们也可以到收留站买那些无家可归的动物来为收留站做“贡献”）。随后会谈到美国人遵循的信誉感。没人会怀疑带狗徒步走的人是疯子或者其捐款的目的不纯（骗子什么的),捐了款的人也相信他们的钱不会进到哪个个人腰包。人们就这么互相信任,以诚相待。

(社区动物收养站)

我们学校也号召学生参加各种各样的社区贡献。比如,Relay Rejuvenation 活动中,学生和老师们自愿捐款给美国红十字协会癌症中心。之后有一个庆祝活动,就是去附近一个集市,在那里搭帐篷守夜一晚,庆祝跟癌症做斗争,鼓励战胜病魔和悼念被癌症夺去生命的人。这项活动是由我们学校师生发起的,但是发展和吸引了周边越来越多的居民和其他学校的师生,规模越来越大。我们学校的社区活动小组,除了节假日慰问社区里的孤寡老人,学年结束后,收集学生们不要的衣物和书籍,送给附近需要的人们以外,还贡献他们的劳动力,亲自去一些工厂作坊或公园捡垃圾、植树什么的。听母亲说前几年,我们学校专门有一天叫"社区日",全校停课,全体师生被派往社区各种场所和单位去"工作"一天。"Empty Bowls"是由我们校陶瓷课老师发起的。在"家长日"那天,来参观学校的家长们,花 10 块钱买走我们学校陶瓷课班上的学生们做的碗(他们大多都是买走自己孩子的作品),然后免费享受一顿晚餐,这顿晚餐是由校餐厅提供新鲜出炉的烤面包,加上学校老师义务做的各种各样的美味的汤(汤免费添,吃饱为止。美国的汤和中国的汤不太一样,汤很浓,汤里有蔬菜,肉,或者蛤蜊,有点儿像中国北方的炖菜——土豆炖牛肉。我母亲和我都"贡献"过中国风味儿的汤)。卖碗赚得的钱,捐献给附近一个福利食品工厂,这个食品工厂加工的食品都是免费分给社区穷人的(对了,那位鼓励我的 SD 的足球教练,就是那个福利食品工厂的主任,他做那份工作是利用业余时间,做义工不拿工资)。

"The annual Empty Bowls supper - and - a - play fundraiser, an event organized by members of the Arts faculty, prior to the evening performance of the year's winter musical. The Empty Bowls project is an international grass - roots movement whose goal is to raise awareness, at local levels, of hunger worldwide. Guest are asked to keep their bowls, says the website, 'as a reminder of all the empty bowls in the world,' knowing their donations will help augment local food banks"（摘自 Pomfret 学校网站）——这是学生们做的陶瓷碗。Empty Bowls 的活动不但支持了地方食品工厂提供给社区穷困家庭免费食品，同时也唤起了人们对世界贫穷地区的重视。

我们学校英语系有一位老师，有才华有个性，安静严肃，我有点儿不敢跟他说话（多亏我不在他班上）。平时不怎么见他张扬，但却见他总是匆匆忙忙的样子。有一次母亲告诉我，他向全校老师和他的朋友们发了一封邮件，邮件里说，他正在参加一个"挑战铁人"的活动（他体育方面很厉害）。这项活动是面向整个新英格兰地区，参加者要连续比赛几轮的体能，包括越野跑、游泳、山地自行车等。他请他的朋友们"支持"他（向那个组织捐款），当然其他参赛者也请他们的朋友们"支持"他们（所有"支持者"的捐款加起来算做最后的奖金），越多的人"支持"，最后的奖金就越高，然而这个奖金不给哪个个人（最后胜利的"铁人"只得一个奖杯），而是给一个"世界儿童组织"，给孩子们（贫困国家的儿童）买书买学习用具建教室请老师。听了这个消息，我对那位英语老师真是刮目相看，觉得他真了不起（希望以后能有机会选他的课）。通过这些人和事的启发，我觉得不管一个人的力量有多小，只要他发光，总会照亮别人。后来，我也想到了一个就我所长的（虽然我参加不了"铁人"比赛）更有意义的个人之于社区的做法。2014

年暑假，我给全校老师每位画了一幅肖像画（Faculty Portrait Project）。我们学校网页上，每位老师都有一个从头到肩膀那么大的一张照片，我照着网页上他们的个人档案照片给每位画了一个炭笔肖像。开学以后卖给他们（有很多被学生们买了去，送给老师们作为礼物。不管是谁，我都感谢他们买了我的作品并承认我的艺术）。我把卖来的455块钱捐给了学校基金会（学校基金会给我写了一封感谢信，说我是Pomfret学校校史上第一个在校学生为学校捐款的，而且捐款金额接近五百元大关）。其实，对我个人而言，卖多少钱并不重要。重要的是，我在完成这个长达3个月的"工程"中锻炼了自己：善始善终（这一点对一个十几岁的孩子很不容易），遇到困难想办法解决（有多少次，画的肖像怎么看怎么不像，改得都不能再改了，就是没进展），调整心态（心情不好的时候，如何"说服"自己完成任务），仔细观察事物（几十张肖像，把我练得"火眼金睛"），精益求精（每张成品我都改过至少三遍以上，有的甚至重画），对人平等（不管被画的是谁，校长、普通老师、教过我的、我不认识的等，我都一视同仁地认真对待，花一样的经历时间和爱心，就像它们是我的孩子一样）。我得到的奖励也不是金钱（钱全部捐了出去），而是大家对我的绘画能力的认可（毕竟都卖出去了）和我终于能为社会奉献自己的个人价值而感到的自豪。校园里到处可见我的作品，办公室门外、教研室公告板上、教室墙上，老师们骄傲地把他们的肖像挂起来展示。我个人自信地认为，许多老师都会保留我给他们画的肖像画——2014 年那个时候的他们的样子。这些肖像画对我，则是一份份珍藏在我心底的对恩师们的感激。你们看，不管是一个组织还是单个个人，都可以把小价值变成大贡献。

（这是我的教师肖像工程，义卖第一天与母亲合影留念）

在我们这个年龄，认识到自身价值是不容易的。能认识到他人的价值就更不易了。前面我讲了我们校长对损害个人和学校形象，扰乱学校“安全”制度行为铁面无私的一面。这里向你展示一下他那慈爱的父爱和柔软同情的心，以及他是如何教会我们认识和尊重他人价值的。2014 年 10 月，秋季家长会刚过，正当父母和孩子们在家享受开学两个月以来的第一个小假时，学校老师、家长及学生们先后收到了发自校长的一封哀悼信:我们学校一名高四加拿大籍留学生在家开车出车祸意外身亡的消息。第一个接到此消息的校长马上召开领导班子紧急会议,商讨如何妥善处理学校的这一“损失”事宜。商议的结果是,学校及时调整了学生返校后那一周的课程表。前三天全校停课。校园内保持安静以示哀悼。举办校园内小型哀悼活动,有自愿参加的教堂式悼念仪式,仪式上大家分享死者生前的故事,也有自由式的悼念,学校专门请来操办丧葬事宜的专业人士,教成人(特别是年轻的老师)怎么安抚宿舍里班级上情绪激动的学生,还提供场所为需要表达哀思的师生们表达他们的痛苦或痛哭。校长担心有些与死者关系亲密的同学和朋友,难过得不能专心学习,特地安排咨询师们全天守候在固定地点,以备有人需要他们的倾听。全校上下以不同的方式缅怀那个学生。那一周老师们都不可以留作业有考试(担心孩子们没有心情学习)。如果哪个学生特别难过,在复课后的几天,也可以不去上课,而去咨询师那里跟他们聊聊丧失“亲人”的痛苦。最后,在校长的带领下,我们学校租了一辆长途客车,满载师生 70 人从我们学校驱车近 8 个小时,跨越美加边境,亲自到加拿大那个学生的家乡参加葬礼。他带去的不仅是校领导和师生们的慰问,更是一份父亲的关爱(校长的女儿也是那一届高四即将毕业的学生之一)。一路上,大家在悲痛中鼓励并成长。大家从校长身上学到了对个人价值的珍重和爱戴。他用他的言行传达给我们:学生,是学校的重要组成部分,每个个体都具有同等宝贵的价值。

（康州 Sandy hook 镇上的 Kathy 边指挥交通边跟司机行人打招呼）

这里顺便提一提家喻户晓的 Sandy hook 康州一小学枪杀案和 Boston bomb 波士顿爆炸案。看看美国人民是如何贡献个人力量的。在 Newtown 发生小学枪杀案后，Sandy hook 村里一名普通的 47 岁女交通指挥员，在她平凡的岗位上鼓励 Sandy hook 社区居民站起来。她叫 Kathy Holick。每天她在街道上边跳舞边执勤，对过往行人和司机报以微笑和热情。她希望她的微笑和爱能带给大家快乐和光明，并鼓励大家走出悲哀。她不仅把她的乐观精神“撒”在路上，还通过社会媒体传播积极向上的精神：她通过媒体发表“搞笑”照片，在网上发表鼓舞人心的“帖子”。她这个社区突出典型，已成为一个希望和乐观的象征。波士顿的马拉松是世界马拉松史上开始最早的年度马拉松赛，其规模和影响力也是世界上最大的之一。2013 年因其爆炸事件，出了个 Boston Strong 的短语。这个短语是 46 岁的俄亥俄州 Ohio 克利夫兰 Cleveland 的 Rob Bradford 在 2013 年 4 月 15 日下午 4 点 38 分通过 Twitter 在网上发送的一个短语。

他希望通过这句短语支持波士顿——这个他 1976 年最后一次拜访过的城市（1976 年以后至今，他都没有机会再去波士顿）——坚强起来！随后，马上就有了印有蓝底儿黄字的

Boston Strong 的慈善 T 恤衫。后来各地的捐款达到了 7000 万美元。在众多社区中，波士顿附近的穆斯林社区与波士顿运动协会联合发起的献血活动，收集到了 33,000袋血袋，救了各地医院 100,000 人的生命。这两个小例子中的人物，Rob Bradford 的短语，Kathy Holick 的舞蹈，做的事情虽然微小，他们也没真正掏腰包拿出钱来，可是他们的行为极大地鼓舞了成千上万的人，并且证明了微小的个人可以发挥和贡献给社会极大的力量！

闻一多说："个人之于社会等于身体之于细胞，要一个人身体健全，不用说必须每个细胞都要健全。"在中国，小范围讲，人们一般比较关心家人，亲戚，朋友，对社会不是很关心，很少有"个人"想到并做到回报社会（即使个别人想到并真的做到了，也会招来一些"闲言碎语"说他们"图"什么），或者人们认为只有捐钱出力才算是对社会的贡献（但那都是有钱人应该干的事儿，不关老百姓们的事儿。有钱有势的人"理应"回报社会，他们回报社会是为了给他们带来更大的声誉等）。其实，这些想法都应该转变，想想索取和奉献的比例，大多数人，得到了高兴，却不想着付出。那么人们为什么觉得社会跟自己没关系呢？像我小的时候就从来没想过要"关心"一下社会。我觉得是我们教育得不够。不仅是说学校里教育学生教

（社区一瞥）

育得不够（仅是“口头”教育不算），家庭和全民都强调得不够。很多成人从没有什么“奉献”举动，家庭里连帮助“社区”的想法都不曾被讨论过（孩子需要“身教”），周围看不到谁做了什么“榜样”，值得大家宣传和效仿（我就是听到学校的那位英语老师挑战“铁人”的事儿，才受到启发，做了我的“肖像工程”——个人力量虽小，众人叠加起来就力大无比），孩子们没有机会被“推”向社会，真正“看一看”社会到底需要什么？想一想自己到底能为社会做点儿什么？……也就是说，我们没有广泛地运用社会——这个教育环境去教育大众。所以，难怪人们脑子里和行动上都“连不上”个人与社会。“只要人人都献出一点儿爱，世界将变成美好的人间”，这好像是一句歌词吧（歌名是“爱的奉献”）。但愿它能唱到人们的心里去。一个国家的力量在于群众的觉悟。如果每个人的觉悟都提高到“让别人的生活因有了我的生存而更加美好”的高度，那么这个国家的民族素质就真正提高了。

七、诚实与信任

中国春秋时代孔丘宣扬的四教中就有“信”（其他三个是“文、行、忠”）。可见中国很早就注重诚信。诚实早被写进学校的校风校纪。“信誉至上”的信条历来被商家和企业推崇。可是千百年来，这两个“超现实主义”的理想只是一个口号，并没有深入老百姓的个体心灵并指导人们的行为准则。为什么越大的公司越注重信誉（像跨国公司）？职位越高的领导越不能失信？为什么对家人讲究信任，外人就不值得信任？这些问题都值得我们思考。

我母亲刚来美国的时候，觉得美国人的坦率直接和诚实简直不可置信。有几次她在超市买了东西，回家发现没有了（要么就是她落在收银台上了，要么就是装货的服务员忘记给装包了），返回超市一说，人家就让她到货架子上再拿一个（不用再付钱)，他们就那么相信顾客的诚实。可能因为我住的是人烟稀少的小镇，很多老百姓出门不锁门，自行车放在外面不锁也没人偷(听说大城市不是这样)。记得我替人家看动物浇花，人家信任地把“家”交给我，从未因我是个孩子，而流露出丝毫的“不放心”(或者走后频频打电话“询问”我“执行任务”的情况)。在学校庞大的校园里，有同学把手机电脑落在餐厅里的，有选摄影课的学生把价格昂贵的照相器材遗忘在哪个角落的，只要“丢”东西的人想起来落在哪儿了，过了多少天，东西还会在那儿，没谁会去拿不属于自己的东西。就是你不记得把东西落在哪儿了，也不要紧，捡到的人会发邮件通知大家，或者送到学校的失物招领处。

两年前，我和母亲因学校要埋天然气管道，暑假暂时搬家到校外。那是一栋三层楼，很旧，我们借住一楼，刚好赶上那栋楼维修室外楼体和房顶上的屋瓦。有一个工人，开着一种特殊的升降吊车(前面带一个人可以站在里面工作的小斗)每天早上8点半准时看见他开着升降机上上下下修补房瓦。中午休息1个小时后，下午1点又准时上工，3点半他的

升降机也准时熄火。一个多月从没见到他的领导来监督过，他一个人来来往往从未迟到或早退过。他走的时候，地上也没留下一点儿垃圾，换下来的碎瓦片都捡得干干净净，仿佛这里从来没进行过什么工程似的。那个工人的“老实”劲儿令我和母亲佩服。

（Pomfret 学校秋季校园一景）

前面说过,校园导游是学校重要的领导职位之一。我们学校有个 Re - visit Day,这一天,曾经参观过我们学校并跟我们学校招生办公室进行过面试的优秀学生,再次来访,并决定是否最终选择来我们学校读书(这些经过选拔的优秀学生不仅有我们这一所学校作为他们的参考目标,他们手里都掐着好几个学校进行对比。在学生——学校的双向选择中,这一天对学校至关重要,它关系到学校是否能招收到理想的优秀的学生)。虽然他们第一次来我们学校参观或面试的时候见了很多人(招生处的,教练,各个感兴趣的学科任课老师们等),但在他们作出最终来不来我们学校的决定的过程中,起到关键作用的还是带他们和他们的父母们参观校园的导游们。招生处的老师经常向全校发邮件公开转达参观过学校的学生和家长们对某某导游的感谢。没有这些导游们的真诚,就没有家长们把孩子送到我们学校的信任。与其说 Re - visit Day 让新生们做了来我们校就读的最终决定,不如说当初的校导游为他们做决定奠定了基础。也可以说,校导游的诚信为我们学校的招生工作做出了重大贡献。

不管你信不信，在美国，学生考试没有打小抄儿的。在中国，这种现象不少。而且越高级别的考试（因监考越严格），抄袭手段越高明，其技术之先进真是令人惊叹。我在国内上学的时候，就看到过有的同学考试打小抄儿（小学阶段的前几年还没看到过），也在报纸上看到过甚至“高考”也有作弊的（当然是高科技式的）。来美国快4年了，测验考试经历了无数，我还没见到谁考试抄袭。学生们连抄袭的想法都不曾有过（考试的时候，别说自己预备小抄儿的没有，就连瞥一眼人家的，自己和人家都觉得可耻。所以大家都低着头，自己看自己的卷子）。不会就是不会，考卷儿空着或是做错了就是诚实。

可是，做作业有抄袭的，有同学抄同学的。这种情况，双方都受到全校通报的“制裁”（全校师生大会上由校长宣布谁，哪个科目，什么时候，谁抄谁的了，双方名字都会被当众点到。会后，学生部主任还会给其家长们发邮件通知事情原委和处罚结果——够丢面子的吧。有脸面的人估计一般都终身不会再犯这样的错误了。同时，他们这对儿“鸡”也给我们这群“猴”“敲”响了“勿蹈其覆辙”的警钟）。抄袭情况由任课老师（就是发现抄袭的老师）汇报到系主任，再经教导主任报到校长。抄袭方和被抄袭方的作业都是零分。如若再犯，就被送到监管学习处写作业。还有一种情况就是网络抄袭，通常是英语课或历史课的文章。批作业的老师要是发现了（老师们都是专家，一看就知道哪篇文章、哪个段落是从哪个网站上抄的），送交学校，同样是全校通报。不论哪种情况，第二次抄袭就会被学校开除（我们校就开除过几个这样的）。教育界的成人社会也是一样的严格。我母亲以前任教过的一个大学，有一个教授发表了一篇文章，其中有一段抄袭了别人的，有人发现指出后，那位教授被免去了“终身教授”职位不说，还被大学开除了。如此严格的惩罚，证明了美国人民不能忍受不诚实的行为。就像你在信誉卡公司的信誉能帮你，也能毁了你一样。你的可信任程度，可以为你贷到几万甚至几十万美元的贷款，也可能连医院的急诊室都不收留你。为什么美国人买卖东西不讲价？因为他们坚信“一分钱一分货”，卖方要的价就值那么高，不是一个给买家“砍”到一半儿参考值。

我在一个舞蹈团体,有一天听我的舞蹈老师说起她是如何找到工作的。舞蹈专业的她,去一个教育机构找教跳舞的工作。面试的人问她,我们这儿的学生年龄跨度很大,很可能需要你教小孩子。她一听就说,“我从来没教过小孩儿,可能教不了”。没想到这句诚实的话语,竟让她被录用了。我问她,你说完那句话,有没有后悔?她说,“我宁愿不被录用,也不谎称自己有能力而失去别人对我的信任”。

现在我们来分析一下,为什么人们遵循诚实和守信这两个基本生活准则要针对不同的人?对家人和亲戚讲诚信,是因为你爱他们,所以就天经地义(想都没想)地做了;对熟人和朋友讲诚信,是因为你要“面子”,不能让人家“讲究”你,所以想想(觉得值)也就做了;对下属讲诚信,是因为你不想失去威信和控制权(个人利益所使然);对其他那些跟你关系不太近的人当中的有些人,说什么也得做到诚信,比如,对上司或者对你认为将来用得着的人(这样会给他们留下好印象);而对跟你“没多大关系”的人,讲不讲诚信,就不值一提了;至于对最后一类人——陌生人,你会问自己,“为什么要对跟自己不相干的人讲诚信”(“他们跟我有什么关系?”或者“没必要跟陌生人讲诚信”)?如果把以上这几种情况都归为一类:我对人人,人人对我,都奉行诚信,那么这样的社会即是一个人人向往的和谐社会。

八、创造力的培养与应用

教育本身虽然不能创造什么，但它能启发受教育者的创造力。我以前听说，杨振宁先生发现中国留学生的学习成绩往往比他们的美国同学好得多。然而十几年以后，科研成果却比人家少得多。原因就在于美国学生思维活跃，动手能力和创造精神强（我来美国时间太短，还没机会观察到这种区别）。为什么建筑师 Frank Lolyd Wright 在 90 岁的时候还能设计古根海姆美术馆（The Guggenheim Museum in New York）？是因为，一旦人走进了思考的大门，他们就找到了创作的源泉。我想，中国的家长们越来越早地把孩子们送到外国读书，就是想从小锻炼孩子们的思考能力和创新精神吧！

（The Guggenheim Museum 纽约古根海姆美术馆）

美国的学校和教育者都认为想象力比知识更重要，因为知识是有限的而想象力是无限的。你听说过学生自己设计一堂课吗？这就是我们学校已经实行了两年的创新教学（前面提到过，一位毕业生的父母捐款300万美元，成立的就是专门研究创新教学的机构）。每年的冬季学期，感恩节过后到圣诞节前夕的这段时间（大概两周半），学校停止正常的教学内容（老师不教传统的课本，学生们不去平时的教室，也不跟平时在一起的同班同学“上课”）。学生们根据自己的兴趣，从老师们提供的几十个话题中选择一个，然后跟“志同道合”的一组跨年级的学生们共同研究他们所选的题目。这段短期“课程”，以每组学生向全校讲解（教授他们的设计和研究成果）来结束。我记得，第一年我选择了一个叫“编织”的“课程”，是由我们学校的化学老师和陶瓷老师共同开设的。老师们教我们用脚踏的纺车，把一团团羊毛纺成毛线，再用织布机织成一个漂亮的大围巾，动手能力非常强。我们还参观了几个织布工厂和一些原始的织布工具，工厂领导给我们讲解了织布机的构造原理和染毛线的过程（选择别的话题的同学，也都有机会到校外“实地考察”）。原以为，这个好玩儿的课就完了。其实，这只是老师启发我们如何以“动手能力”为宗旨设计一堂生动的课——这就是我们最后的作业：讲解一堂跟科学和艺术有关的，别开生面的课。我和我的搭档都喜欢 Fused Glass 熔融玻璃，这一科学和艺术形式的结合（我是在一个暑假夏令营里学过如何做熔融玻璃的）。本想带领大家亲手做几块那样的玻璃，但因我们学校艺术工作室的材料不足和做玻璃的安全性不够(需要温度极高的一种特殊仪器把玻璃熔化成水,再在其基础上做艺术创作),所以,动手实践这一环节就省去了。但是,我和搭档还是做了很多方面的研究(那是我第一次和一个女生"并肩作战"近两个星期),并设计和讲解了一堂有关熔融玻璃历史的课程。我们小组的其他成员,有的介绍"防摔"技术,有的教授3D打印机的设计等。短短两个星期的"科学+艺术"的尝试,让我们向彼此学到了很多有意思的知识。这些书本以外的知识,加上学生们的精心创意,又新鲜对我们又有吸引力。我们学起来是那么的兴趣盎然(每个话题都是那么有趣儿),听起来是那么认真(比尊重老师还尊重),讲起来是那么自信(毕竟是我们兴趣驱使下的钻研题目)。当然,当初题目之广泛对我们这些从未"讲过课"的孩子们确实创造了不小的挑战(我们都不知道该"讲"些什么),但是选择题目之自由却给了我们很大的空间(为了"寻找"适合要求的题目——科学 +艺术,我们和组里成员聊天,看看谁有新思想,谁有共同爱好。交谈中,我们发现其实生活中到处充满了科学与艺术的结晶)。在最后两天的"成果汇报"期间,学生和老师们都可以去任何他们感兴趣的"课堂"听课,(有跳舞课、烹饪课、有机食品和无机食品对比课、造桥课、电影分析课、音乐创作课、诗歌写作课等)每节"课"大约半个小时,讲"课"的都是学生。我希望我能有"分身术"去听每一堂精彩的"创新"课程。听说,我们学校的这一创新,在全美国的私立学校中也是不多见的。

我还发现在自我挑战中也能培养创造力(当然你得首先

愿意迎接挑战)。就拿我选舞蹈课和戏剧课的事儿来说,给你一个名词让你用肢体表现,给你一句话让你续写一段台词,在这些即兴表演的应变能力的训练中,我发现其实每个人都有无限的潜力:我们的脑子其实可以转得更快;我们可以用更短的时间完成一段思考;高度集中下的思考更敏锐;不仅五官能感受能表现和理解语言,我们的肢体和心同样也能;压力和紧张有时能带给人一种激动,激动之下,产出的表现效果有时更好,完成的效率有时更高。要是你给自己创造面临挑战的机会,而且机会来了的时候不回避,你会发现在迎接挑战中,你的创新力会创新高,运用创造力击败挑战,其实又美妙又自豪。

九、德、智、体、美、劳在教育中的比例

一次,听完美国海岸防卫队学院(U. S. Coast Guard Academy – in New London)管乐乐团的音乐会之后,我和母亲漫步在附近的 Racky Neck 国家公园,一边感叹那些刚刚活跃在舞台上的军校学子们学习优异、体魄健壮,一边说起母亲那一代就听过的"德、智、体、美、劳全面发展"这句话(毛主席的教育方针)。其实早在清朝,康熙大帝就曾指出,"国家用人,当以'德'为本"。可见"德"被排在"德、智、体、美、劳"的教育方针之首位是有渊源的。如果有的人品行不端,人们就会"骂":"瞧你那德性"——它包指一切。比如,取笑能力不足

的人，庄重的场合穿着不雅，口无遮拦地伤人，鲁莽的举动，言而无信，不负责任，对师长不够尊敬，对客人礼貌不周，对别人的错误不能容忍，对弱小贫穷不够爱护，对爱情友情不够忠贞等。每个国家都有自己的文化和风俗，可是品德方面却有很多“共识”，人们普遍认为高尚的品德能推动正确的伦理行为。比如，正义、自尊、无私、自由、平等、信任等是各国人民公认的道德水准。

我记得上小学的时候，学校有“思想品德课”。上了初中就没有了。是我们的品德好得不需要再“教”了吗？不是。是教育部门忽视了德育教育，或者说残酷的竞争事实，把教育重心都转移到了学业——主科学业上，使我们没有机会再去思考什么是“德”。其实在步入“成熟”的路上，特别是在接受教育的学校生涯里，我们需要时时被灌输“道德”的理念和讨论行为规范的准则。这样，我们到了社会上，才能遵循正确的道德准绳行事，才能识别对的，谴责和纠正错的。

我们学校有两个活动叫 Mindfulness 和 Wellness 贯穿全学年。前者翻译成“心智”，后者的意思是“健康”。这两个活动旨在培养和熏陶全面的思想品德教育。有适合成人参加的，也有专门给学生设计的，还有师生都可以参加的。活动中大家讨论和思考：正直（比如，应不应该保持儿童一般的纯洁的心）、辨别力（比如，“傻事”到底傻不傻？学生们心目中的公平老师是什么样？安全和危险的界线怎么区分）、冷静和应变的尺度、善良的谎言、什么样的场合说“不”等。通过这些各种各样的活动，我们得以锻炼我们的心脑和眼光，以甄别品德和行动的完美统一。每周的禅坐（Meditation）和瑜伽课也面向全校师生开放，大家坐在一起伸展筋骨并冥想沉思。我参加了几次，觉得倒是个“休息”的好时机。

（这是我们学校的学生们在上瑜伽课）

被排在第二位的“智”，使人们想到“才智、机智、理智、智商”等词汇。不管哪种“智”，首先都是通过运用感官——声音、气味、光、颜色、触觉——来观察事物；再通过知识、能力、德行的标准来辨别事物。一个人聪明机敏，才华横溢，理性乐观，都不如一个人心智健全重要。心智健康的培养来自心灵的关怀。在美国私立学校，学生们有机会跟不同群体的成人接

（这些是我们学校小教堂的照片）

触（任课老师、课外活动老师、教练、指导老师、宿舍管理老师）。在接触中，他们年轻的心与各种各样的心相互碰撞，体会并修炼健全的心灵。还有宗教的熏陶，也帮助年轻人发展健康的心智（后面专门讲宗教这一话题）。众所周知，美国是一个宗教自由的国家，各团体都支持信仰自由。我们学校的小教堂主要宣扬基督教的美德，但是教堂活动不是“讲经”式的，同时欢迎各种宗教的信条。在牧师领导祈祷的时候，不是基督教徒和没有宗教信仰的人，可以不用低头祈祷。而且有崇拜其他宗教信仰的（比如天主教、伊斯兰教、犹太教等），学校还派车专门给他们送到附近的相应教堂做礼拜。

“体”在“德、智、体、美、劳”这几个字中间（前边有“德智”，后边有“美劳”），可能是因为它能起到“平衡”的作用吧。我这里要说的不是“体魄”“体能”的“体”，而是体育教育能平衡学生们的脑力和体力劳动并培养一种体育精神。美国私立学校提供的体育课都是放学以后开始的。不像公立学校，体育课是日常课程表中的一节。在公立学校的体育课，学生们课前到更衣室里换上运动服和运动鞋,再到体育馆里进行活动。一节体育课上人很多,通常有一个学年的几个班的人一起参加。因体育馆容纳不下几十个人一起上课,所以学生们通常轮换着使用体育器材(轮不上的人,就站在旁边看着或歇着,有的人觉得无聊,有的人显得着急,有的人乐得清闲)。不怎么活动的学生还好,下了课换完衣服就直接去下一堂的教室了。爱运动的学生,通常汗流浃背地换下运动服,潮乎乎地套上平时的衣服,再疲劳地走到下一节课堂(我就有好几次在体育课之后的课上累得昏昏欲睡。好在一周只有两次体育课)。所以相比之下,我觉得放学后再运动(不管是运动队的,还是举重、健美等健身房锻炼)既不会影响平时听课的质量(运动后累得睡着在课堂上),又让工作了一天的大脑换换脑筋,冲冲氧,汗流浃背后,再尽情地洗个澡,这时食欲也来了(运动结束时,差不多刚好是晚饭时间)。去餐厅边吃晚饭边休息边跟同伴们交流。然后脑子再正能量地投入到晚自习的工作中。体育运动“冲”给大脑的“电”耗尽的时候,也差不多该让疲惫的身体和大脑正式休息了(熄灯上床)。如此规律地循环,使青少年的大脑和身体都得以科学健康的发展。

(我们学校学生们在足球场草坪上训练)

在 *Brain Rules* 这本书中,我读到:“只占我们人体重量 2% 的大脑,却消耗人体能量的 20%,我们的大脑生来就需要我们每天‘走 12 英里’的运动量”(想想有多少人一天连 1 英里的运动量都达不到,特别是脑力劳动工作者,像学生和老师)。要保持大脑正常工作,就需要源源不断地提供给它氧气(氧气从运动中获得。最简易最经济的有氧运动就是走步或慢跑)。举个例子,为什么在很多“大吃”比赛中,参赛者在几分钟内吃掉那么多食物(比方说热狗)却不会被撑死呢?(胃里很难受是肯定的)那是因为选手们在短时间内(比赛通常只有 5 ~ 10 分钟左右)迅速吸进大量的氧气(同时呼出大量废气——二氧化碳),大脑“指挥”这些氧气被快速地运输到血液里,血液立即被活跃地传送到胃细胞组织(那里亮着“红灯”,说是需要紧急救援),使其快速完成消化任务,所以他们才不会被撑死。如此看来,每天保证一定量的运动以供氧到大脑,使其高效地完成任务,对学习期间的青少年是科学的也是必备的。不多谈运动对骨骼、肌肉、力量、平衡力、胃口、抗疾病、提高免疫力的作用,运动还能改善心情(有时,运动是糟糕心情的“出气筒”,一身大汗可能使它们“烟消云散”)、为人减压减轻焦虑(比方说平衡青少年的荷尔蒙分泌量)、加强和延长人的集中注意力(越集中精力,记忆越深,学习效果越好)。

这里来说说运动队的体育项目,就是 team sports。我们学校秋天有橄榄球、越野跑、陆地曲棍球、足球和排球;冬天有篮球、冰球、壁球和摔跤;春天有棒球、划船、高尔夫球、长曲棍球、垒球和网球。学生们根据水平被分到 JV 队或者 Varsity 队,后者水平高,比赛机会也多。每周一、二、四、五运动员学生们都花 2 个多小时进行训练。周三和周六参加主场或客场比赛。为什么美国这么看重体育教育或者说体育项目的锻炼呢?为什么优秀运动员能拿到大学的全额奖学金(比学习优秀的学生还容易拿到奖学金)?因为人们知道体育教育能给个人、给学校带来什么。各运动队队长的领导能力,加上无数个人“携带”的团队团结合作精神、体育竞争和友谊精神,将为一个学校营造良性健康的集体和有竞争力的影响力。就拿我们学校组织的各种跟体育有关的活动来说,Mashamoquet Day ——开学第一周举行的有趣儿的体育游戏活动。

（我们学校 2014 Mashamoquet Day 拔河比赛）

Form Olympics——以学年为单位的体育运动会，Scrimmages——季前友谊赛，Post Season Play - off ——季后赛，Tournament——锦标赛等，都大力鼓励学生们（甚至是家长们）积极参与（上场的、替补的、加油的、观战的），体会集体荣誉感和比赛精神。从运动中学到的积极进取，全力以赴，协调一致，奋发不懈的精神将伴随孩子们，无论他们走到哪儿，都将受益终生。

(Carnival 狂欢节上人们在攀岩)

“美”被放到哪里,都不会被人们忽视(虽然它被置于“德智体美劳”序列的倒数第二位),因为人人都爱美的东西。人们常说的审美观就是人们对美好事物的向往。观赏一幅画或一处自然风景、听到一段音乐、欣赏一支舞、看到漂亮的模特和她身上的服饰都会让人感觉到美,一个人的善良友好质朴也会让你“看”到他/她的心灵之美。如果说美是人类不可缺少的事物,那么美育就是培养健全的人不可缺少的教育。对世界中美的探索和追求不应该只是对艺术家的工作性质而言,而应该是所有人的人生追求目标。

我们学校音乐系的 A Capella ——无伴奏合唱,Chorus——

合唱队,Music Ensemble——室内乐团等组织强调和谐之美;摄影课和电影动画制作课鼓励学生透过摄像头发现大千世界的自然之美;网页设计、年刊设计和平面设计课锻炼我们连接想象力和现实之美;单声道多声道音乐制作课教我们关注声音之美;雕塑课和3D设计课让我们体会复杂的空间美;陶瓷课和绘画课挑战我们实现从无形到有形之美;戏剧课和舞蹈课让我们思考有声和无声之美。在探索这些美的形式中,我们发现了美的真谛和内涵,找到了自己的乐趣和激情,遇到了良师和知己,学会了合作与容忍,练就了观察世界的独特视角,同时也净化了我们的心灵。

(学校"多媒体团队"设计的2013年冬季校期刊封面)

（我们学校社区服务小组帮助社区鸟林组织儿童参观鸟林）

“劳”被放在最后，绝对不是说它不重要。歌德说，“劳动可以使我们摆脱寂寞、恶习和贫困。”中国人自古就宣扬“劳动为美”的观念。在我们学校的众多课外活动中，各种俱乐部和社区服务小组就是给我们创造锻炼劳动技能，培养和群关系和社会责任感的机会的团体。在 The Hole in the Wall Gang Camp 出力（Paul Newman 于 1988 年在康州的 Ashford 建立的一所儿童疾病治疗康复中心，在此治疗的儿童全部免费），清理镇上公共图书馆后面的树林并帮助图书馆年度图书义卖活动，协助附近 Audubon（鸟林）组织儿童们参观园林和鸟舍，帮助地方食品工厂整理仓库货架，组织献血活动，在植物园进行户外劳动和植树，帮农场收割谷物，指导小学生科学发明，社区到处都撒下了我们辛勤的汗水，我们也为能尽自己之责而感到自豪。

这一节写到这儿，我想读者一定同意“德、智、体、美、劳”个个都重要，哪个都不容忽视。忽视了，就是违背了全面发展的教育方针。

十、与人分享

讲几个有趣儿的新鲜事儿：我们校长家的狗过生日，他给狗定做了一个巨型蛋糕，摆在教学楼内的长走廊里。当然蛋糕最后都被学生和老师们吃了，但是大家分享的是一种快乐。还有一次，我住的宿舍管理老师家的狗过10岁生日（听说相当于人70岁），她给狗买了一个冰淇淋蛋糕，插上蜡烛，我们还给狗唱了生日歌（当然又是我们把蛋糕吃了），歌声中我们表达对狗真诚的祝福（虽然它听不懂），我们跟狗一起分享那份快乐。平时学校里除了校长，还有几位老师，上班时也把狗带到学校。一是因为，狗，在美国，作为家庭成员之一，就像小孩儿一样，把它一个人扔在家里，狗主人不放心也不忍心。二是因为，狗主人真心爱他们的狗孩子，一分钟也离不开他们。学校接待办公室的老师办公桌下就是她的狗女儿的窝，抽屉里是她的零食，窝边一个水碗和

一个食碗，上下班两位“女士”同乘一辆交通工具。历史系一位老师的拉布拉多犬，每天在教学楼的三层楼里跑上窜下，哪个学生见了都亲切地拍拍他的脑袋叫他的名字 Tango。他要是喜欢谁，就在谁的教室里“赖”着不走，上课铃下课铃对他根本不管用，除了他的主人叫得动他，别人甭想“挪”动他的屁股一下。校长家和副校长家的狗比较老实，不像 Tango 精力旺盛地楼上楼下乱跑，她俩是一对儿“老年好姐妹”，总是忠实地趴在各自主人的办公室门口。（这些狗每天好像习惯了熙熙攘攘的人群，温顺有礼，从不见他们对谁叫，包括学校里的人和第一次来学校的外人）这些事儿听起来有点搞笑，是不是？

与别人分享自己的所有是美国家庭、学校和社会教育中重要的一课。孩子们很小就跟兄弟姐妹们分享空间（一家好几个孩子，不得不同住一个屋）食物礼物衣物及日常和学习用品，稍微大一点儿，就知道跟父母师友分享消息（有好消息也有坏消息），再大一点儿，跟更大一群人分享快乐、悲伤、志向和想法。在这种意识下熏陶出来的孩子们，自然而然地培养出人人平等的观念。比如，在很多团体（学校、社区、夏令营）组织的活动中常见的才艺表演（Talent Show），主办方号召、家长们鼓励、表演者本人都本着把自己的“好东西”分享给大家的精神参加。没有哪个“高级”水平的“演员”不屑献艺或觉得高人一等，也没有哪个业余选手觉得自己的本领“丑”得登不得“大雅之堂”。台下的观众们对谁都报以热烈的掌声，幕后演员们之间也真诚地鼓励和祝福。我就跟无数的音乐爱好者们和热情包容的观众们分享过我的才艺。每次都很享受那种真正意义上的“给予”——分享和倾心的聆听。

（2014 年校文化节上西班牙留学生表演斗牛士）

（学中文的外国学生跳中国的扇子舞）

美国有各种各样的Summer Camp(夏令营),有专门是运动的(足球、长曲棍球、冰球、壁球、棒球、越野跑、皮划艇等),有专门是搞艺术的(声乐、乐器、绘画、摄影、雕塑、戏剧、舞蹈等),有专门学文化课的(数学、外语、科学、计算机等),有专门补习高考的(SAT),也有户外探险的。我去过好几个夏令营(就是没有专门学习文化课的),每个都有各自的优点。在一个叫The Complex的项目中(在这个项目里,我学画画、跳舞、戏剧、唱歌和写作),我们每天早晨有半个多小时跟老师交流的时间(我把它叫Opening Conversation)。这段时间里,我们谈对艺术的理解,对将来的打算,老师们给我们讲他们在艺术追求中的故事和成长中的错误与失败,他们的话很令我深思(我常常拿来跟母亲讨论我的所闻和所想,有时她赞同有时感叹有时也反驳。我发现把脑子里思想过的东西再拿出来讨论一遍,能引发我更深更广的思考)。每天夏令营课程结束以前,大家再次坐到一起,分享一天的收获:唱一支歌,读一首自己写的诗,自编自演一段话剧,教别人跳一段舞,或评论一幅艺术作品。分享中大家收获了更多。虽然这个项目只有两个星期(第一个星期的主题是Masking—get out of yourself;第二个星期的主题是Connecting—connect people and people, connect people and art, connect various art formats),可是我学到了比一个学期还多的知识——书本以外的知识和心灵的成长。

还有一个有意义的综合性夏令营,里面有学习特别优秀的美国人和外国人,也有爱好艺术的小伙伴。一个月的时间里我从未结交过那么多国际留学生（后来我在 Pomfret 学校组织的国际食品节就是在这个夏令营里受到的启发）：看沙特阿拉伯的同学守斋（阴历九月一整月每天太阳落山以前不吃也不喝，但是在太阳初升以前可以吃点儿东西。这是他们伊斯兰教的重大风俗），听来自百慕大的同学说“魔鬼三角”并不像人们盛传的那么可怕（反正我不敢去），得知土耳其这个词大写，作为国家名，是“勇敢”的意思（小写是“火鸡”的意思，大家都知道了），跟老挝的朋友打网球，与西班牙的小伙伴表演弗拉明戈舞蹈，和来自中国的同胞们畅谈……一切都是那么难忘！我是在其中的艺术班里，每天跟一群志同道合的“怪才”（从穿着到言谈举止再到思想都不“苟同”于主流社会）一起沉浸在工作室里 12 个小时都不觉得累。一个月下来创作了不少作品：项链、戒指、染色丝巾，各种风格各种材料的绘画作品，外加自己一副肖像画。其实拿回来多少作品不重要，重要的是赚得了探索不同艺术领域的宝贵经验（比如，我从未接触过首饰制作、熔融玻璃制作和渲染丝巾的技术）和与来自不同背景的人分享快乐。

我们学校为全校师生们创造各种各样的分享机会：留学生和新生培训 New Students / New International Students Orientation，毕业生——新生指导 Senior Mentor Program，导师——学生星期四晚餐会面 Advisor – Advisee Thursday Dinner，毕业舞会 Prom，年度文化节 Culture Festival，TELL 活动 Teach Engage Listen Learn，领导能力培训小组 Leadership

Seminar 等。高年级学生帮助新生顺利过渡“新时期”，成人引导学生渡过各种“难关”，外国人和美国人之间相互倾诉，多文化相互碰撞，快乐的时光中彼此认知，交流中互通智慧，这一切都是为了我们将来步入社会，学习怎样与各种各样的人接触和交往做准备。学校的招生办公室是接触外来人员的主要场所。也是连接外人与学校的桥梁，并给学生们机会应用我们在学校学到的“分享”经验。小小的招生办公室背后，是全校热情的师生，时时准备好用我们主人的周到细心和大方与八方来客分享我们对“家”的热爱。比如，招生办公室通知学校来访的一位学生和其家长对冰球和艺术感兴趣，就会有冰球教练或者打冰球的运动员和艺术系的老师或者同学，前来跟那位学生交流并分享我们学校的冰球项目和艺术成就。除此之外，校园导游还会带领每位来访者参观校园和试听其他课程。参观过程中，给了无数人在各种场合“分享”他们自己的经验的机会。不管来访的学生是否最终会来我们学校读书，大家都真诚相待。所有来访者不分地位高低，都免费在学校进餐，没有特殊待遇，和我们吃的一样，他们体验到的就是我们普通一天的真实生活。

在我看来懂得并愿意与人分享是成熟和成长的表现。每个人都有很多个人“ 财富”与人分享。小的时候我们分享糖果玩具与我们的玩伴。大了我们与知己分享快乐与悲伤。这几年我在锻炼自己不仅分享我的才艺与亲友们，而且越来越多地想着扩大我的分享群体，并体验着分享的快乐。2015 年

3月（就在我对此书进行出版前的最后校对工作期间），在我的同学们都回家放春假期间，我用我的“饺子工程”赚来的钱完成了一个“饼干工程”，其设计就是利用饼干搭建起的雕塑，鼓励全校师生参与“结识”彼此的互动活动。（雕塑是用成包的饼干搭建起来的长城，我在每包饼干下面贴上学生们的照片，让大家每人翻开一包饼干，找到照片的主人，并互相问候或介绍自己。照片的主人再找到我，把照片还给我，我就配给每张照片一块钱，最后把这些钱按年级捐给学年主任作为每个学年的流动资金）我做这项工程的目的就是让整个学校更紧密地团结在一起，让缺少朋友的人，通过这个小活动结识到更多的朋友，从而使他们在学校里觉得并不孤单。看到我的小小“饼干工程”促使大家奔忙于结识彼此之中，我的心里充满了温暖和幸福。

（母亲在 Bucknell 大学的毕业典礼）

在美国最重要、最开心的分享时刻之一莫过于学校的毕业典礼了。因为我现在还是个高中生，只能在这里讲讲高中的毕业典礼（听说，大学的毕业典礼跟高中的差不多，只是规模更大、时间更长）。典礼前，学校给每位毕业生预订了一朵玫瑰花。毕业生男女一对儿对儿分站两排，女生穿白色晚礼服式连衣裙手拿一朵红玫瑰，西装革履的男生们也都胸前佩戴一朵红玫瑰。他们随教职员工其后，步入典礼礼堂/天气好的时候，典礼在室外。音乐声落（聘请的乐队现场演奏），毕业生与教职员工一左一右落座于观众席对面。观众席里是毕业生的家长和亲戚朋友们。每家都来“一班”“人马”前来助兴（当他们家的孩子被校长念到名字，到台上领毕业证的时候，家庭“助威团”就从观众席上站起来大喊他们孩子的名字，以表达他们的自豪）。还有全校其余年级的学生和工作人员也都到场庆贺他们学有所成。在颁发毕业证之前，校长、演讲嘉宾（毕业典礼邀请有名望的嘉宾演讲是毕业典礼上的一个传统，跟大学一样，越有名的学校越能请到有名的人前来演讲）和学生代表的发言都是跟大家分享他们的故事、感触、经验和智慧。随后是长达一个多小时的毕业证颁发典礼（校长一个一个叫学生的名字，前来领取毕业证。每个学生领了证以后都要跟台上的校长、董事会会长和演讲嘉宾，一一握手以示感谢。一个学校的学生越多，发证时间越长，学生姓名的首字母越靠后，比如 Wang 或 Zhang，就越晚被叫到，直到所有的学生都被叫到名字了，颁证过程才算结束。所以要有耐心），尽管颁发毕业证如此漫长，大家都没有丝毫的不耐烦，全都热情真诚地为每位毕业生鼓掌庆祝（每个人的巴掌都拍得红红的），并真心地与他们分享那份快乐。最后一个环节就是步出会场——标志高中生涯的结束，另一个新起点的开始。全校师生夹队两旁欢送学子们。在只有几十米长的夹道上，学生们用最慢的速度依依不舍地跟恩师们握手拥抱、挥泪告别（生怕错过哪位老师），路上"撒"满了师生们感激的泪水和真诚的祝福，场面实在感人。过了这条恩师告别之路，接下来的，是同学们自发组织的一条夹道欢送路。路上气氛轻松了许多，有给唱歌的，有往空中抛气球喷彩带的，有留影的录像的，有亲吻的，也有抱头痛哭的……

（母亲在 Bucknell 大学的毕业典礼）

在毕业典礼举行的前一周，我们学校有一个叫 Moving Up 的活动，在学校教堂里举行（教堂座位是按年级分坐的，高四学生毕业前，在这最后一次的教堂活动中，把自己的座位传给第二年秋天升入高四的，现高三学生。高二学生坐到高三学生的座位上，高一学生坐高二学生的位置，空下高一的座位留给来年的新生。新学年开始的第一天，我们有一个欢迎新生入座的教堂活动。随后，新一届的高四学生带领大家走向学校的标志性建筑 Sundial——日晷。听说，只有高四的学生才有资格站在日晷的台阶上。新高四学生手拉手围站在日晷周围，外圈是全体教职员工手拉手围成的圈儿，最外围是高一到高三全体学生围成的大圈。大家在牧师的祈祷祝福中开始一个新的学年，直到又一届的高四学生走向毕业典礼的台阶，如此周而复始）。这个活动严肃庄重，因为它标志着每一个人的成熟：向更高一个阶梯的迈进。

5
中美文化冲突

冲突不是制止矛盾双方前进的因素，
只要利用得当，冲突反而会成为
矛盾双方前进的动力。

事物是矛盾的。我想借用以下几个在美国普遍庆祝的节日，来阐述我对矛盾冲突的“双面性”的理解。

Columbus Day——哥伦布日（10 月的第二个星期一）这个由美国在 1792 年发起的纪念日标志了哥伦布为欧洲开启了殖民美洲的大门，但对当地的土著印第安人来讲，则是受到侵略的开始。Memorial Day ——阵亡将士纪念日（5 月的最后一个星期一）和 Veterans Day——退伍军人节（11 月 11 日）所纪念的老兵用身体和精神上的残疾换来的“和平”，曾使某些国家的人民饱经了战火的磨难。Jefferson's Birthday——杰斐逊诞辰（4 月 13 日），尽管这位美国第三任总统被世人高度评价为政治家兼农业、园艺、建筑、考古、测量、词源、古生物、密码学等方面的专家，又是作家、律师和小提琴手，可是，在他竞选总统期间对当时在位的约翰·亚当斯总统的诽谤（“亚当斯是个伪君子，有着阴阳人的性格……”），仍显示了他的人性之矛盾。Martin Luther King Day——马丁路德金日（1 月的第三个星期一），他用生命呼唤了近半个世纪的种族歧视现象至今仍然存在。（2014 年 8 月 9 号在 Missouri 密苏里州的 Ferguson 发生的，白人警察 Darren Wilson 枪杀犯罪“嫌疑人”18 岁的黑人 Michael Brown，就充分证明了，直到今天，黑人仍受社会歧视的事实。Michael，这个毫无犯罪背景的青少年，一个星期六，刚走出街区附近的一家便利店，就遇到刚刚接到

“一家便利店遭到抢劫”的911报警电话而匆忙赶到“现场”的警察Darren。虽然没有“武装”的Michael面对Darren的盘问高高举起双手，可是Darren还是怀疑他就是刚进行抢劫的“罪犯”，并向他开了枪，不是一枪，而是六枪，四枪打中了他的右臂，两枪击中了他的头部。此案引起的公众游行，要求警察局和国家对Michael的死做出一个公正的裁判。白宫副官代表奥巴马总统参加了8月25日为Michael举行的葬礼。不可思议的是，网上对开枪的白人警察的捐款，远远高过对受害的黑人和其家属的捐款。——这里引发一些问题：到底什么是“公正”？何时才能有真正的“公正”？谁来执行和维护这“公正”？)

既然矛盾冲突都是双面的，我们就应该客观地看待和对待他们。对文化方面的矛盾冲突也应如此。

广义的文化包括很多方面，诸如政治文化、经济文化、艺术文化、哲学和宗教文化等。因我的能力所限(现在还不具备阐述以上任何一种文化冲突)，在此只能谈谈我的生活中经历的和看到的，因风俗习惯、心理和价值观念的不同而产生的不同文化，以及人们不同的行为和不同的处事原则。

西方文化有两大源泉：古希腊罗马文化和基督教文化。古希腊罗马人的人生观是自然主义，人们重视此世，热爱生命。基督精神弘扬的是德性：对上帝的热爱和信任，对同胞的慈悲和仁爱。这两种价值观影响了西方文化的面貌。拿美国人为例，他们不太存钱，来为自己的后半辈子精心筹划。很多单位都是两个礼拜发一次工资（由单位帮他们“管理”工资，免得一次发一个月的工资，最后一个礼拜没钱花了），所以，个人只需操心两个礼拜的生活花销。他们对生命的热爱就是尽情地享受生活，比如，休假的时候去海边纯休息（把工作的事儿全抛到脑后），高消费（全家在海边儿租房子、冲浪、开游艇，或者开车坐飞机到处旅游）。钱花得差不多了，再回到工作岗位继续赚。这种善待自己的“快乐主义”，还表现在他们频繁更换工作（工作干得不顺心就跳槽）和“居无定所”（在美国很少有人花一辈子攒下的钱，买一处房子住到死。美国房屋装修永远处于淡季。即使有人买了属于自己的小房，他们也都自己动手刷房子钉地板。人们跨州之间换工作是很平常的事。租房非常方便，再说租的房子一般都提供基本设施——包括冰箱、厨具，有时甚至还带家具。有些人干脆开个“汽车家庭”——一种露营车，里面装修得像“家”一样，有厨房、冰箱、厕所、卧室和床，又有“固定资产”，搬家和旅游又方便）美国人对夫妻和孩子的责任感大于老人（有人对这些责任的排序为：夫妻 > 孩子 > 父母。好像和中国正相反）。中年夫妇把他们的父母送到养老院的事儿很普遍，也没人对此评论或质疑（在中国，这种行为显得有点儿“不孝”）。七八十岁的老人并不认为自己老得需要“特殊”照顾（很多八十多岁的老人自己住在家里，开车买菜都自理。等到他们认为自己老得“动”不了了的时候，就让孩子们把他们送到老人院。老人觉得符合常理而且不“连累”别人，子女们也不觉得愧疚)。比方说,在公交车上,年轻人不必主动给老人让座(有时你让了,老人还不一定会领情,相反,会因为你认为他老了而不高兴呢。在中国,这种不"敬老"的行为,会受到别人的"白眼儿")。

美国成年人从小就灌输孩子,自己要自立,而且要早日自立(小孩儿小的时候,跌倒了,在旁边的父母也不扶,让孩子自己站起来。稍微大一点儿,就让孩子为自己的事"做主",为自己犯的错误"负责"),从16岁可以考驾照到18岁可以合法为自己签署文件再到上大学之后工作为自己还助学贷款,家庭和社会都把你看做能为自己负责的成人了。然而,孩子们过早地"独立",使他们跟父母们之间保持的亲密关系很早就开始疏远了。有的时候,我觉得美国的父母不那么"关心"孩子,孩子也不太"在乎"他们的父母。你会经常听到这样的话,"Boy, you are your own man now. You can take care of yourself." "Mom, I am a big girl. Don't worry about it."然后双方就没啥话说的了。

一直到18世纪,中国对西方的影响远胜过西方对中国的影响。当时以基督教为支柱的西方人,发现中国这个以儒家思想为指导的东方大国不信基督也保持着强大昌盛,人民也有高尚的道德水准。中国的神秘和传奇吸引了很多西方传教士。两种文化从此从互相独立到彼此融汇。中国的历法、农业、艺术等领域的领先地位,追求和谐奉行礼治的传统文化都引起了西方国家的强大好奇心。然而,19世纪大哲学家黑格尔一反前辈们赞美中国，让西方人比较“实际”地看待中国文化。鸦片战争后的一系列事件，最终使以儒家传统为主干的中国文化第一次面临着与西方文化的撞击和挑战。到了20世纪，双方又开始冷静地思考自己所特有的文化。当然，其间不乏西方人认为东方文明落后愚昧，譬如美国在自由、人权和民主话题上攻击中国；东方人鄙夷西方人贪图享乐、利益至上的行为准则。

几个世纪以来，两种文化都既试图保留自己的鲜明性又努力与对方交汇。在双方文化相互交织的过程中，中国从先是保护自己的“原汁原味”的文化到强调有自己“特殊道路”的文化，再到发扬自己的优势，克服弱点并向西方国家取经然后改革为己用。中国在国际上正慢慢树立起她的友善、负责、进步的形象。美国也是一样，这个越来越成为多元文化共存的国家，也在不断变革，审视自己的缺陷和危机，接纳更新，使其国家长期持续发展，保持蓬勃的生机。

其实，不管对于哪个国家，只要在与各国文化交流中，思考什么应该借鉴，什么值得排斥，熟知自己的位置和情况，参照他人却不照搬，从不同的角度看待不同的文化，中西文化交融的前景还是乐观的。同时，人们也应该意识到，冲突是不可避免的，有冲突并非是坏事。冲突双方对彼此形成的挑战和思考也为各自发展提供新的源泉和刺激。在对比和冲突中，双方都会从中获益。在接触和冲撞中，彼此还能得到借鉴和互补。

我来美国这几年，发现了很多“奇怪”的事儿，说不上是文化震惊还是文化冲突，但它们确实反映了不同文化背景的人们，有着不同的思维和行为方式。

作为艺术爱好者的我，关注东西方艺术的不同是很自然的（这种关注不是对表面的关注，诸如颜色——东方作品喜用红色，因其令人振奋并代表喜庆。而西方人认为红色代表血腥；西方人喜欢代表纯洁高雅的白色，而白色是东方葬礼上的颜色）。西方艺术多表现抽象美，不拘形式。艺术博物馆里的作品，一看就能区分哪些是东方的，哪些是西方的。东方的细腻柔美和对称在西方作品中不多见。就像东方菜肴讲究色香味俱全，好看、好吃、有营养，还显“功底”（比如刀工和火候）。西方的不对称美（或叫“残缺美”）就好像工作只做了一半，留给参观者按他们自己的想象“完成”另一半。换句话说，艺术家创作作品的时候特地留给欣赏者空间，用他们的行话说，叫“邀请你参加他们的创作过程”（同样，在美国的学校餐厅和饭馆的餐桌上，永远能看到一个盐瓶一个黑胡椒瓶，厨师做菜的时候基本不放盐，端到餐桌上顾客自己放盐，因为每个人都有自己的咸淡标准。在这个消费过程中厨师“邀请”顾客跟他们一起完成一道菜的制作）。有些现代西方艺术作品，“艺术”得让东方人无论如何也不能接受。比如，一块木板上涂的是黑背景，中间点几个白点儿，可以被起名为“Our World”挂在有名的博物馆里，供人们参观。艺术家们认为越能引起观众遐想（或者叫瞎想）的作品越“艺术”，就像作家们认为越能引起人们争论的，越是“好”作品一样。比如，陈达（留美作家），写了一本叫《中国的儿子》的书在美国发表了，是关于他成长于文化大革命其间的青少年时期的故事。他和他的书出名的其中一个原因就是因为作品引起的强烈争论。

（西方艺术之残缺美）

美国人的思维方式重在超越和秩序，中国人则注重实用和变化。拿写作为例，西方人“说话”注重主要信息的传达，以简洁为主。东方人落笔注重细节和铺垫。美国英语课的作文都遵循几段式的模式，每段以一个主题句开始，随后是细节的支持，文章以重申开头段的主旨为结尾。（考过托福，SAT 和 GRE 的考生，对这样的作文“套路”不陌生吧?）老师打眼儿一看行文，就知道某个学生的思路是否清晰简洁连贯。据说这样有秩序的安排，是因为美国人的思维简单得不会拐弯儿。读者可能还记得我在SD的HCP英语班写的中国式修辞“美文”，在老师有“结构”的作文格式指导下，改了又改的经验吧。我的“反语”“暗喻”“讽刺”的变化，常常模糊了老师的视线。后来改成她能接受的“开门见山”式，才算合格。这种思维方式下的言谈，以轻松和幽默为特点，区别于中国人认真冷静的说话方式。比如，我们学校高四毕业生在教堂的公众讲演。每位学生都试图在其演讲的形式或内容上独树一帜。博得观众热烈掌声的，常常是那些妙语连珠，引起听众笑声不断的演讲。演讲是一门艺术，能引发观众们在笑声中思考，就是一种超越。而中国人认为公众演讲应该谨慎措词，严肃认真地对待（台下听众的笑声会让演讲者紧张地怀疑其演讲内容和态度的不认真性）。

墓地，中国人普遍认为是个阴森可怕的地方（小时候看的电影里，墓地里要么“阴魂出窍”要么“鬼哭狼嚎”），没谁愿意买墓地附近的房子（除非是看墓地的人）。在美国，人们不但不害怕住在墓地旁，反而，认为墓地是个安静、“风水”好的地方。人们安息的地方就是peace的地方（老美天天嚷嚷“和平”）。我去看牙医的路上就路过几个墓地，其中有一家，门前的“院子”就是一大片墓碑。我觉得不可思议，虽然现在不害怕穿行于墓地了，但是我也绝对不会买一个靠近墓地或是出门就见墓碑的房子，房价多便宜也不会考虑。

（割草工人在为墓地割草）

作为一个高中生，目前我还不能对民主制度和言论自由这样的大话题，站在更高的角度上去评论，但是我想说说我在我们学校看到的民主和言论自由（前面说的学生们在网上瞎起哄式的言论自由不算）。在我们学校，不管是选学生干部，还是老师职位的应聘，连学生着装要求的制定，对违纪学生的处罚决定，暑假读书心得的讨论，或者毕业生特权等，都是面向全校的透明的自由讨论。比如选举宿舍长，运动队队长，年级代表，学生会主席，学生主任助理和纪律委员会成员等学生干部，全校师生都有权利和义务投上自己的支持票。大家都珍惜自己那一票的“说话”权，并坚信自己那一票会起到重要作用。任命的结果掌握在大家手里而不是个人。同样，当学校有老师来应聘的时候，面试应聘者的不仅有校领导和系主任，也有各学生组织的代表们“考验”这些成年人。雇用的决定是由所有跟应聘者面谈过的人，共同投票决定的（如果哪个学生不同意某个应聘者，那他/她得当众说出令人信服的理由）。学生们参与学校制度制定的机会还有很多（无论讨论什么话题，都得有理有据，不是张开大嘴随便说），比如讨论什么样的衣服更合适上课的时候穿，高年级学生应该享有哪些特权等。在美国，确实处处能感受到民主和自由的公平。学校只是我看到的场所之一。可是有时，我觉得美国人的言论自由有点儿过分。有一次，我和妈妈开车去超市，停车等绿灯时，看见前面车的尾部贴着一个大标语，“Obama Sucks”（奥巴马，真烂！）标语是不干胶式的，颜色鲜艳醒目。有敢卖的，也有敢买的。美国人的胆儿，可是够大的。这在中国，谁敢呢？

（总统竞选期间街道两旁居民的支持标语）

东西方价值观念的不同还导致了以下方面的出入。美国人的乐观自信是出了名的（有时我跟我大姨打长途电话的时候，我大姨就说我，去了美国，别的本事没见长，倒是学会了

“吹牛”——她用的是暗喻加讽刺，这个我懂，指的是我的“乐观自信”不知愁的处事态度）。“一切皆有可能”“一切都会好的”是人们的积极口号（或者说口头语儿）。甚至在国际事务上，不管有没有能力解决事情，美国人总是充当“世界警察”的角色，出现在人家地盘上，不管受不受欢迎。他们“能改变世界”的过度自信，常常出现在好莱坞大片儿的宣传中（像超人、钢铁侠等）。美国人的时间观念感尽人皆知。两个人正谈着话，其中一个人看看表，发现做下一件事情的时间要到了，就马上结束正在进行的会面，绝不会像东方人那样，碍着面子，寒暄几句，不好意思地送走客人。如果你预约迟到了，损失会令你终生难忘。上个学期，有一次我因为忙昏了头，把私人声乐课的事儿忘得一干二净（下午上课）当天傍晚才突然想起来没去上课，马上给老师写了一封中肯的道歉信，并希望老师能“抽时间”把那堂课给补上（学费已经提前交完了）。老师回信说：“Sage，感谢你来信解释没来上课的原因。因为你没有提前至少 24 小时通知我关于你的缺席，而且我等了你 15 分钟，所以你那堂课的课时费就自动‘划’走了。由于你个人的原因，我不能免费给你‘补’上你落下的课。”那件事让我学到了两个“时间数字”背后代表的责任：24 小时是取消预约的最少时间；迟到 15 分钟，人家有权扣走你的“预约费”。

“个人主义”是东方人不齿，但西方人却大力鼓吹的。美国人强调个性的珍贵和精彩，并为自己的“独一无二”性

(unique)而感到自豪。他们标榜这种个人精神为“超越”“创新”。这可能跟美国人不注重稳定，喜欢突破惯例的思想有关。即使个人加入或属于一个团体，他/她也认为自己是组织中的“与众不同”。人们头脑中的“自由”观念导致一个个人离开群体就像加入一个群体一样容易(比方说更换工作，甚至是改变宗教信仰)。比较有代表性的“个人主义”还有美国的AA制，也有的人把它叫做“金钱观”下“利益主义”的产物。不管是两个要好的朋友、同事，还是上下级，甚至是男女朋友，吃饭买单都是“二一添作五”，谁也不占谁的便宜，谁也不欠谁。有一次，我们艺术老师带班级同学出去喝咖啡，我和老师坐一桌，就顺便给他点了一杯，他没说什么。第二天上课还给了我 3 块钱。在中国，下级为上级买单，那是荣幸；男朋友付账，是天经地义；朋友之间还抢着掏钱呢。最不能被东方人理解的“个人主义”要属美国人宣扬的“隐私权”Privacy ——这个东方人认为带有消极意义的词汇(常常跟“孤独”“见不得人”有联系)——却是令西方人尊重和满意的“必需品”。如果一个人的生活里没有 Privacy，他/她可能会疯掉。中国人早就听说过，跟美国人交谈有几个涉及个人隐私的话题不能谈，比如女人的年龄和一个人的工资等。其实，跟美国人谈话除了天气、旅游、业余爱好，人们之间没什么“共同话题”(不应该谈论的太多了)。我个人认为，正是这种 Privacy 拉开了人们之间的距离。Privacy 好像有一圈儿雷达，你看不见，但能感受到，一接近雷达外圈，你就“知道”不应该再靠近某个人了。

我觉得这就是为什么在美国非常不容易交到好朋友的原因之一。

（追求独特的厨房）

有个小故事，说明了美国人注重全面看待一个人的能力。我母亲当年硕士毕业后很想回国发展。她学的是教育，想到国内中小学校工作，看到很多官方招聘要求像：35 岁以下，品貌端正，身高 1.6 米，硕士以上等，最后还是决定留在美国了。她不理解为什么美国的学校招聘简章上从来不对年龄、婚姻、性别、身体条件（还有种族和宗教）进行规定。比如，来我们学校应聘的有刚毕业的大学生，有在教育界以外的行业工作几十年的中老年人，有黑人，有外国人，有不同宗教信仰的人，有跛脚有斜眼儿（我妈妈有好几个同事还是色盲），还有同性恋的人。这一点我也注意到了。比如，中国航空公司的空姐又标志又漂亮又年轻。而我坐的美联行的飞机上，什么样的空姐都有，很多都是年龄大或者不太漂亮的女性，有时还有“空少”（男性乘务员）。正因为美国人注重看待和需要一个人的全面能力，所以才鼓励学校全面培养学生在各方面的能力（美术课、音乐课、劳动机会、社区服务理念、体育精神、样样平衡）。

如果说“现实主义”是形容美国人“喜新厌旧”的褒义词，那“浪费”就是对此行为的贬义词。因为美国人重视新事物和新发明，他们频繁地便宜卖掉或扔掉还比较新的“老”物品，好买更新的，比如家用电器、汽车或房子。在我就读过的公立和私立学校中，到处能看到中国人常说的“浪费等于犯罪”的现象：学生们把动了几口的饭菜全部扔掉，餐厅里把准备多余的菜（没人碰过）倒掉（他们完全可以加工一下，算作下顿饭），老师搬家前把不要的（但都完好的）家具家电“留”在门口随便人拿，学生们离校前衣物及床上用品随地扔，夏天冷气十足冬天暖器十足的屋子开着窗户浪费能源，建筑物里昼夜长明的电灯，等等。

以上一些零零散散的见闻是对东西方——美国和中国，在家庭观念、思维方式和价值观念等方面的比较广泛意义上的文化冲突之泛谈。下面这几点，是发生在我个人身上或者说是与我个人生活有着密切关系的文化冲突。

一、自我认同

读者们可能还记得我在 PCS 跟体育老师闹的冲突吧。当时我觉得受到的肤色歧视令我很不舒服，具体说是一种心里的压抑。在英文里“不舒服”一词，要是说成 uncomfortable 就是指心里的不舒服，对这种不舒服，通常人们得忍受着。比方说，你跟一个大谈特谈政治或者宗教的人在一起，听着他滔滔不绝地讲着你不关心甚至是讨厌的话题，就是 uncomfortable。（当然你可以选择走开，可是得“礼貌”地走开，也就是说，你得忍着先听几分钟，再找适当机会“脱身”）当时那个体育老师对我的种族歧视，我就深深感觉到了这种“心理”上的不舒服，所以我对校长说我 uncomfortable，并希望她能放我回家。可是校长没有，因为美国文化里，uncomfortable 的人得忍着。如果我说“I am not feeling well”的话，我就会如愿以偿了。I am not feeling well 是说身体上的不舒服，就是说医院才是应该去的地方（或者回家卧床休息）。我当时没“聪明”到用 I am not feeling well 去谎称身体不舒服以脱身学校。可是我说的 uncomfortable 却被校长以为我谎称“身体上不舒服”好提前回家。因不知道这种文化上的差异，我才被硬推回去受罚。

前面我提到了美国人崇尚尊重隐私，虽然我认为它拉开了人与人之间的距离，并导致了人们交友困难。在 RJ 之后，

我还没遇到谁对我表现出真心交友的倾向。可能因为我是个外国人,文化观念和美国人不同,也可能是我们的小镇太小,人们没有机会接触有更多背景的人,也可能是由于我的语言障碍了我进入他们的社交圈子。我个人认为,语言不是主要原因。主要原因是,是否人们真心敞开欢迎的心扉。我在中国上小学的时候,学校来了个中东的小朋友。那时,他爸爸来哈尔滨工业大学读博士,就把他送到哈工大附近的小学。他一句中文都不会说,可是我们都用手比划着跟他交流,从没见他寂寞地一个人待着。一个学期下来,他不但能跟我们用中文简单交流了,还交了一大堆朋友。来自于礼仪之邦的中国的我,来了美国以后,很不理解为什么学生们放了学都"急"着往家跑?回了家,关上家门儿,也不与外界交流。作为一个走读学生,放了学,我很想跟几个日校学生再多逗留一会儿,可

他们常常以父母要来接他们回家为由而匆匆离去。学校有什么好玩儿的活动，只要不是必须参加的，绝对看不到日校学生的身影。住同一个宿舍的学生们，也很少见到他们亲密地在一起（除了玩儿电子游戏的时候）。更令人接受不了的是，当你生病的时候，朋友和亲人都避而远之。不探访病人，往好处理解是，人们不希望打扰病人，病人应该有自己的隐私。往难听里说，就是他们缺乏亲情，不愿意被传染上疾病。但他们忽视的是，病人更需要心灵上的关怀体贴。开始的时候，交友难使我常常觉得一种被排外。后来，我时常为不得不圈在家里而苦闷。慢慢地，我开朗的性格也习惯了这种"孤独"。很坦白地说，到目前为止，我从未感受过来自朋友的温暖，也从未看到哪个同龄人对外来文化真正感兴趣（也许现在我接触的人还太少）。好在我有我的个人爱好——我忠实的朋友，永远陪伴着我。艺术领域之博大精深填补了我的寂寞。创作一幅画或是一首曲子，转眼几个小时过去了却不觉漫长、无聊和疲惫（要是学几个小时习会叫苦，玩几个小时游戏还觉得累呢。只可惜搞艺术的，群体小，朋友少）。总之，我觉得青少年时期广泛交友很重要。大家畅所欲言，亲密无间，长大以后就不至于拿"尊重隐私"来拒人之外。我认为美国人应该学习我们中国人的友好和热情——那股热乎劲儿。

在 SD 那一年，是我感到迷失的阶段。不是因为跟 ESL 老师的冲突，也不是因为课程太具挑战。是跟那儿的中国留学生"处不来"，使我找不到自己的位置。那是一段比较奇怪

的阶段，有一段时间，我在家拒绝说英文，妈妈为培养我的语感，在家跟我用英语交流。开始时，我觉得特别扭，放着好好的母语不用，在家还得使劲儿“憋”英语词儿来交流，有时我干脆不说话。后来，因为有越来越多的词不知道用英文该怎么说，就变成一半儿英文一半儿中文，觉得夹生得令人反感。直到最后英文彻底投降于中文。不过我和母亲短信交流从上SC时，就一直是用英文。可能因为短信不算面对面的真正的“说话”吧，所以就不存在障碍地一直坚持了下来。建议正在学英文的朋友，可以找个笔友，不一定是外国人，只要是会英文的就行，两个人试着用英文写邮件或发短信什么的，来练习“说”英文，还不会觉得“不好意思”。有一次，用马套儿套老师的Kenan跟另外一个同学打赌说，Sage的妈妈肯定用中文给他发短信，另一个同学说，不对，应该是用英文。他俩看了

我的手机发现都是英文的，结果，Kenan 输给那个同学 2 块钱。又有一段时间，我开始主动说英文，连自言自语，或看电视的时候都嘟囔英文，我也不知道为什么、从何时起，说英文就变得顺嘴儿了。连平时记笔记用的都是英文。我的这一变化，还反映在在学校里跟美国孩子一起“混”（一种渴望被一个群体接纳的行为所驱使）。那时 RJ 还在 SD，还有几个 SC 上来的高一学生，再加上足球队的（像去华盛顿旅游时睡我上铺的“大个子”），我们上学放学甚至午休都在一块儿玩儿。这一举动把我孤立于学校五十几个中国留学生群体之外。平时他们不是在一旁小声嘀咕我，就是用眼角偷偷瞟我，还经常“听”见他们讲究我，看到我露面，议论声就戛然而止了（大多都是说我操着不标准的英文，却“混”在美国人堆儿里，装美国人）。尤其是，当他们听说我跟 ESL 老师闹得天翻地覆的，还被“踢”出了 ESL 课堂（其实他们不知道，是我极力要求离开的），就更觉得我是个“事儿妈”。有的觉得我跟老师“顶撞”是装“牛 X”，有的幸灾乐祸地看到我放学被送到教导处挨留。有知道实情，看到我调班的，说我水平根本没到，还打肿脸充胖子到 HCP 英语班，明白着是要“跳出”中国人的圈子（我在的 ESL 班上都是中国留学生）……虽然不曾跟他们中的任何一位发生过正面冲突，但我的直觉告诉我他们不把我当同胞看待。中国留学生俱乐部没我的名儿，有什么活动他们也都不带我。这使我觉得有点儿不爽。其实，被一个群体接纳，是需要相当长的一段时间的。我现在还没找到那种“归属”感，也可能当我背起行囊离开祖国的那一刻，就注定了我永远寻觅这种“归属”感的宿命。然而同时，我也觉得我跟那些中国留学生不是“一伙儿”的，不愿意往他们跟前儿凑。说不上来是哪儿跟他们格格不入，但有一点是肯定的，就是他们跟我不一样，都来自富有的家庭背景（毕竟一年好几十万元人民币的学费，不是一般老百姓家庭能负担得起的），他们和我有着不同的话题、追求和生活目标。虽然我只比他们早来美国一年多，但接受西方文化和向其转变的速度比他们快（不知道这是好事还是坏事），因此觉得他们的有些行为和思想和我有点儿不合拍。于是就造成了双方的排斥，就是我刚说的互相“处不来”。这种矛盾中，我常常看不清自己到底是什么样？应该属于哪个“阵营”？怎么做，才能既不迷失自己，又有自己的位置？如何保持我的“中国性”而在美国有“特色”地活着？如何把“美国性”借鉴地融入我的生活？在寻觅“组织”的过程中，如何平衡中美文化的撞击？我想我还需要好长一段路，去为自己找寻这些问题的答案。

在中国正读着初二的我，有一天突然接到母亲的消息准备把我办出国。7 月上旬，刚结束学年考试就忙着办护照办签证，1 个月后人就到了美国，之前一点儿准备和打算也没有。不像很多留学生，在来美国以前咨询了中介，对比了学校的排名，了解学校所在地的天气、地理位置和美国文化，知道目标学校都开设哪些 AP 课程，有目的地补习英文和托福考试，甚至与父母亲自参观过他们心目中的几所理想学校，还有的遵循中介的建议提前来美国的暑假夏令营"实习"了一下。我最吃亏的就是一天也没机会补习一下英文，所以刚来的时候大吃苦头。再加上与 SD 中国留学生的冲突和自我认定的迷失。挣扎中我也想过回国，可一考虑到已经跟国内的同学们落得那么远了，追起来也会很吃力的（再加上在网上跟以前同学的联系中得知，国内的同学还被题海战术压得不得喘息），就咬牙继续在美国念着。不过我最幸福的是，海外留学的每一天都有母亲，这一良师益友，陪伴在我身边，鼓励我支持我倾听我喂养我唠叨我，在我"找不着北"的时候，为我点灯指路。

和无数青少年一样，我和我父母之间也有过摩擦。我父亲早年当兵出身，干净利索，精打细算，是个持家能手。我的绘画天赋就遗传于他。除了画画和写得一手好字外，他还擅

长室内设计喜欢音乐会说韩国语。多才多艺的父亲跟很多父亲们一样,对儿子寄予了厚望和厚爱。我很小的时候,他就带我学习花样滑冰——这个哈尔滨的优势运动项目之一。本分的他,没有给过教练任何学费之外的“好处”,因此我也从未得到过“特殊”照顾。滑了两年,我的冰上技术没见进展,父亲的腿却在滑冰场里冻得够呛。上小学时,我写过一篇作文,《背后的手》,全校获奖了,写的就是父亲在我滑完冰后,背我回家的故事(每次滑完,我都累得走不动)。他用行动支持我母亲出国深造,一个人默默无闻地当爹又当妈,洗衣做饭缝缝补补样样都透着父爱。他的耐心,在我上初中以后被一点点磨没了。眼看小学同学们都相继进入了省重点,市重点,我却在一个普通得不能再普通的中学里的中游晃荡着。他心急如焚。在充满竞争的高考压力下,为了提高“毫无前途”的我,他买来各种复习题让我做,期望早动手,稳步提高。可惜,我不争气的头脑和学习成绩令他脾气暴躁,有几次还打了我。虽然我当时害怕他的权威而服从于他,但是后来到了美国,庆幸了好久,终于逃离了他的控制(其实应该说庆幸逃离了中国“苦刑”的教育)。有很长一段时间,我不跟他说话,主观上刻意拒绝回想他对我的好(只记着他对我怎么严厉,比方说打我那几次),任凭他忍受思念儿子的痛苦和煎熬(你看我是多么的自私啊)。后来,看到电影 *Shine* 里的父亲对他年幼的有“钢琴家”天赋的儿子的苛刻,我才理解父亲当初对我的“严厉”就是他的父爱。我现在学会的对“包容”的理解是,“包容”二字应该没有年龄限制，不是说长辈们容忍我们就天经地义。作为晚辈的我们也应该包容我们父母的缺点和错误。我对父亲的包容和理解，让我自己“重见”到我的父爱（或者说重新体会父爱）。

在这个小段落结尾之际，我想顺便说说在美华人的教育思想。我母亲以前在宾州 Bucknell 大学工作的时候，在一个叫 Kumon 的教育机构帮忙。Kumon 是一个由日本人创建的，从幼儿园到高四的一条龙课外补习班。主要补习英文和数学。美国人数学极其差劲儿。就我那数学的差水平，来美国以后还被排到这里的数学高级班。在这儿，来讲一个小故事。我母亲一次去市场买芹菜，花了两块五，给了卖菜的十块钱。我们中国的小学生都会不假思索地答出七块五是找零儿。那位卖菜的，先找了两个两毛五的硬币，嘴里念叨着，“两毛五、五毛”，然后放在我母亲手里，嘴里说“三块”。我母亲惊讶地看着，这明明是五毛，卖菜的怎么说是三块呢？然后，卖菜的到钱袋里拿出一把一块的，一块接一块地塞到我母亲手里，嘴里继续数“四块、五块、……十块”。听起来好像幼儿园孩子在数数儿。后来，我母亲才反映过味儿来，他们是从顾客花的钱开始数，一直补足到顾客付的整钱。可真够“原始”的。所以 Kumon，精明的亚洲人，具体说是日本人，才“应邀”来给美国人的数学“扫盲”。他们的体制十分完善。自编的教材生动、科学，并且实用，很受欢迎。在那儿补习的学生都在学校排前几名。我母亲工作的那个 Kumon 中心的主任的女儿从小就做他们的教材。高中一直是全校第一名,现在在康奈尔大学快毕业了。补习中心里的学生85%都是亚洲人。有一个印度小男孩,才3岁,就能通读小学生的英语教材。读完一个故事,马上就能复述。

(这是那个天才印度小孩,叫 Chimai)

我刚来的时候,母亲还特地给我买来 Kumon 的题做(又回到了我父亲的模式),做了几个月,见没提高,就停了(我这块"朽木",实不可雕也。气得我妈妈整天对我没好气儿)。其实,不仅是我母亲(好在我母亲绝大多数时候对我比较放松,也鼓励我其他方面的发展),在美国的亚洲人,都还抱着"出人头地"的远大目标"迫使"他们的孩子(不管是来留学的,像我这种情况,还是在美国出生的中国孩子)相信只有学习好才能改变命运。他们的父母那一代,要么是早期移民到美国的,要么是来美国读大学，后留在美国工作，再把孩子接来美国的，像我母亲这种情况。不管他们的思想和行为已经多么接近“美国化”了，这种的根深蒂固的亚洲教育思想，还是代代相传。

二、家长之警惕

如同当年西班牙资助哥伦布航海，换回来的是西班牙大帝国统治的昌盛，也带回来了不知名的异国疾病（像天花和麻疹）。青少年远离父母朋友和家乡出国留学有利也有弊。好处多多，前面的章节里都已经说过了，在此就不再啰唆了。这里单说说我看到的几大误区，希望给家长们提个醒儿：不要太早把孩子送出来。

弊端之一:玩游戏、网恋和恋网。国外的网络资源丰富也复杂。(不像中国,人为封锁很多网页)这一方面是好事,学生们有机会看到各种网络上的新闻(比如我在YouTube上看到各种风格的舞蹈和吉他曲风)使他们与世界保持同步。同时,网上的广泛资料为学生们的学习提供了便利。像我个人,就接触到很多艺术门类的网站。周末消遣,去网上能看电影听音乐甚至在网上与朋友“见面”(像Skype,跟远在天边的家人朋友网聊,又快捷又经济)。然而网络这把“双刃剑”的另一面,具有人们无法抵御的杀伤力。缺乏自制力的青少年简直不是它的对手。在他们乖乖地投于网络怀抱的时候,一切重要的(如学习)和不重要的,像烦恼纠纷,都被抛在了脑后(比方说,我在YouTube上看American Got Talents“美国天才秀”,旁边的相关链接出来一个“英国天才秀”好像很有“看头”,点击以后,又发现某个“澳大利亚的天才秀”的“点击率”也很高,一来二去,在网上一“恋”就是几个小时,浑然不觉)。等他们反应过来的时候,只落得网络——这个偷走他们时间的杀手在旁边暗自“窃喜”。现在的网络游戏五花八门,单人游戏已经被多人参与的“团伙”游戏取代,熟悉的、不熟悉的人都可以在网上搭伙组队,大战一番。即使你最初不太热衷于游戏,也难免渐渐受你的同屋或同学影响而“坠”入其中(这一点要“感谢”住宿学校的集体生活)。有些游戏更刺激,更吸引年轻人,那就是带有“黄色”内容的游戏(“感谢”西方性行为的解放和对网络门户的开放)。青春期的孩子一旦着迷于此，自拔可是需要一段时间（更可气的是，这些“流氓”网站一旦粘上了你的电脑，删都删不掉，它们会时不时地在你使用电脑时蹦出一个页面，令人讨厌和尴尬）。我宿舍里去年有一个外国留学生，电脑超级厉害，尽管学校 IT 办公室拦阻了一些“黄色”网站，他还是破解了封锁密码。晚上宿舍熄灯以后，还躲在被窝里偷看。后来被 IT 办公室检测到是他的电脑冲破了“防线”，学校对他予以了处罚。后来他干脆用他的手机看（用手机流量看，学校查不出来），这样，学校的 IT 办公室就监测不着了（“感谢”电信公司的 data 无线服务）。说到先进的科技，功能强大的 iPhone、iPad 等真是让人爱不释手，欲罢不能，恨之入骨。但是它们带给青少年的利大还是弊大，却是有争议的。

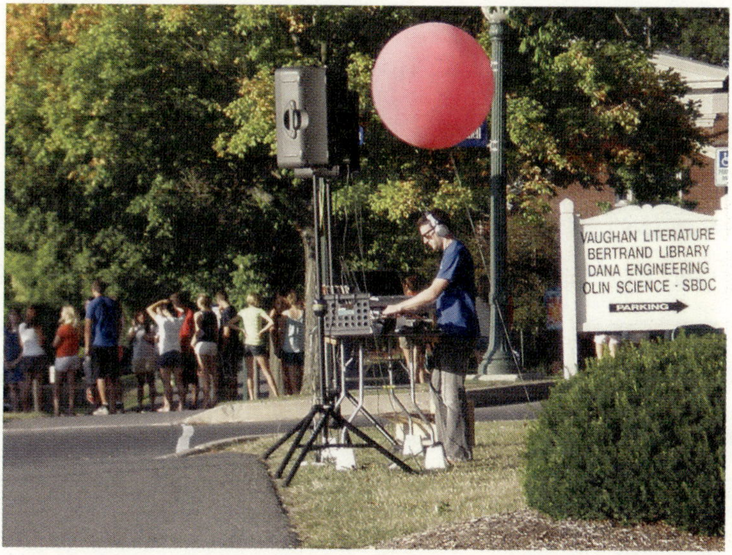

弊端之二:被同伴欺负。大家还记得我前面说过的,我在一个艺术夏令营里表演的,有关社会问题的哑剧小品“Bullying”吗?这个社会问题是我观察到的一个很普遍的校园问题。原始社会的弱肉强食沿袭到文明社会就变成了以大欺小,以强凌弱。就连对待本国人,大个子或者高年级的同学也觉得自己在许多事情上理所应当地享有“优先权”,哪个不知趣儿的小子要是敢上前争辩,那就是自找麻烦。即使是同年级的学生群体,身体瘦小的也不敢往强壮堆儿里凑(担心哪句话说得不对,被哪个壮汉子捶吧一顿)。外国人遭受欺凌的现象就更普遍了。这种欺凌多半是语言上的。有些非得在美国生活好多年才懂得的俚语,被用在外国留学生身上,听了几年的留学生们突然有一天理解了,后悔当初没回骂“欺负”他们的人几句。在 YikYak 上攻击亚洲获奖学生就是一种语言上的 Bullying。就连成人,有时也用旧框框 stereotype 评定一个外国学生(比方说,要是哪个黑人体育不好,人们会阴阳怪气儿地问,“你身体有什么毛病吗?”。或者对一个没有合适运动队可选的中国学生说,“对不起,我们没有乒乓球队”)。这些口头上的“玩笑”,会对处于青春敏感期的青少年的心理造成阴影或者压力。还有一种情况就是来自于留学生群体内部的欺负,有的是来自同一国家的人之间的矛盾(记得我在 SD 受到的中国留学生的冷嘲热讽吗?那就是一种言语上的“窝里横”——自己人欺负自己人。我把他们口头欺负我的事儿汇报到学校,学校并没给予重视)。这里我讲一种最近几年发

现的“韩国现象”。近几年来，留美韩国学生越来越多。他们都是学习好、有艺术特长的优秀分子。到了国外，本国人之间的竞争力和嫉妒心大增。女生间出现了制造绯闻互相诽谤的伤害之举，男生中间出现了暴力倾向。我们学校去年开除了一个韩国男生，留校察看一名韩国男生。原因都是他们对同学进行人身攻击，他们的暴力行为给整个群体带来了不安全感。他们的父母在接到学校的处罚通知时，都又遗憾又不解：是谁把他们的孩子变成了社会不安全分子？

弊端之三：吸烟吸毒。接着上面的“韩国现象”说。前年，我们学校开除了一个抽烟成性的韩国男生，他受到学校的警

告以后，并没改掉坏习惯。一天，他躲到附近居民区，偷偷吸类似毒品的烟。被居民质问，他谎称是来走访的。他的可疑引起了居民的警惕，见人家要报警，他不得不承认自己是我们学校的学生。居民把他的行为举报到学校。再后来，学校取消了他复读的申请，我们学校的大门从此永远向他关闭了。去年我的 advisee 小组里有一个韩国学生，我们的导师多次重申吸烟对青少年身体健康的影响，他就是戒不掉。每天总是见他睡不醒的样子，干什么事都迟到，大家都觉得他可有可无。有一次他竟差点误了去机场的大巴。当然，学校里吸烟的不仅有韩国学生。有两次，学生部主任突袭检查男生宿舍，搜出无数支电子香烟，形状设计之巧妙，让没有经验的人根本识别不出那是香烟。两年前，有一个德国留学生，第一年没念完，就被勒令退学了。原因是他非法买毒品，被同学告发后，被学校遣送回国。吸烟和吸毒，二者“走”得很近，稍不留神就可能把二者“混淆”在一起。外国学生到了美国，以为这个国度自由得什么都能碰。再加上，集体生活的“耳熏目染”，父母远在天边“管不着”，新鲜感给未经世事的青少年带来了刺激，增大了尝新的“胆量”。吸毒是学校生涯的一大忌（比如我的好友 RJ）。不仅我们学校有，很多美国学校都有。我们学校之所以严惩这些违纪行为，就是让大家都警惕这些行为所带来的危害和后果。听说，中国留学生还没有涉及吸烟吸毒的，我很欣慰。

弊端之四：忧郁自闭。有三方面造成留学生们抑郁闭门不出：自己、家长和群体。第一，自身原因所致。出国的留学生在国内大多都是品学兼优的佼佼者（我不算在内）。他们来到国外，发现首先自己的语言障碍不能把自己的能力全部表现出来（比如课堂上不能伶牙俐齿地进行讨论）。另外，发现自己有很多从未接触过的领域远不如人家（比如体育方面），因此觉得很郁闷。还有他们对自己的严要求、高标准（在国内可都是年级或学校名列前茅），把自己“拴”在屋子里，刻苦地学啊学啊（他们选了太多的 AP 课程，任务量重得希望自己一天有 30 个小时），慢慢地就变成为了学习而学习，生活中没有了其他时间、乐趣和追求。第二，来自家长方面有声的或无言

的期望和经济付出的压力,使留学生们觉得迈出房门"寻欢作乐",成了一种奢侈和罪过。唯有优异的成绩能代替他们苦涩的笑容。我母亲有个越南学生,说他的父母从二十几岁就开始给他攒钱出国留学。他学习非常努力,经常拿学习方面的大奖。可是他的朋友少得可怜。他看不惯别人把大把时间都"浪费"在交友、娱乐上。他的压力也很大,总想着自己的责任,问自己以后是否能有能力回报父母的恩情。还有一个泰国学生,每次一打电话,他父母第一句话就是问他最近有没有什么考试,考得如何?却不问问他最近快不快乐?有没有参加什么学校课外活动或者交到新朋友?第三,群体孤立于留学生(有时甚至是排斥),他们的文化不被接受。留学生们很多都愿意住单人房,这样他们的"拼命"(学习)就不会被"窥见"被"嘲笑",他们可以不必为打扰了同屋的"隐私"而觉得不好意思,他们也因摆脱了"爱社交"的同屋而获得了自由安静的自习时间,双方都不必忍受彼此的缺点(比如打呼噜、磨牙、说梦话、脏乱差或早起晚睡等)。连家长们也为自己的孩子能争取到为数不多的单人间而感到高兴和幸运("这下,我的孩子可以好好学习了")。听起来好处多多,可是他们忽略了群体的排外给社交造成的困难,以及他们把自己孤立于群体之外,用牺牲与他人交往的机会换来的那点儿学习的"自由",是多么的不值得!既然你总是足不出户(我有一个留学生同学,一学期下来,他的同学们都不知道他叫什么名字),没有朋友和没有社交圈子,就很自然了。那当你需要帮助的时候，自然很难找到人。当老师布置集体合作的工作的时候，你也会因没人愿意跟你一组而觉得尴尬。在这个个人依附于群体的社会里，没有朋友是可怕的也是可悲的，比如当你想分享你的快乐的时候，却找不到一个人跟你分享，那是多么可悲啊！

弊端之五：饮食营养不均衡。1981 年世界卫生组织宣布，一个人一天摄取的蛋白质约等于体重（以公斤计算）乘以0.75（比如，一个重 80 公斤的成年人，一天摄取 60 克的蛋白质就够了。正在长身体的青少年需要的蛋白质要多一些。让我们来看看，这 60 克的蛋白质怎么摄取，不会“超标”——100 克，就是 2 两的瘦肉，比如猪肉牛羊肉和鸡肉或者鱼类中，大约含

蛋白质20克。如果一个人一日三餐,每餐光吃100克的瘦肉或鱼类,三餐下来,60克蛋白质的摄取就达标了。如果你再吃一个鸡蛋,就多加7克的蛋白质。你还得吃主食吧,三餐米面共500克,就是1斤,大概一顿饭平均吃3两,就又为你“赢”得了另外7克的蛋白质。青菜和水果多吃点儿不要紧。这些数字加起来,大概是75克的蛋白质。有一点点儿“超标”,加上适量运动,比如爬两次楼梯,问题不大)。可是在美国,要么人们走素食主义的极端(出于保护动物、保护环境、保护自身健康等种种原因),要么餐厅里连续几天都是油炸食品,蔬菜都是冷的沙拉,对吃惯了热菜热烫的“暖”胃的亚洲人真是不适应。等饮食习惯适应了,要么变成了美国式小胖子(中国意义上的胖子,离美国的胖子标准远着呢),要么对蔬菜水果“视而不见”。我姥姥来访的时候,去我们学校餐厅吃饭,端着盘子晃了一圈儿,一点儿“可口”的都没找到,米饭太硬,薯条太油,青菜都是清蒸的还不放盐,肉都是一大块一大块的又干又没滋味。后来,她老人家干脆在家自己做着吃。刚来的留学生,尤其是亚洲学生,饮食方面都不太适应。常常听他们说,美国人不敢恭维的厨艺,常常使亚洲留学生们吃得少而经常觉得饿。以前一个中国留学生跟我说,因为总觉得“吃不饱”,他就常常吃煮鸡蛋(餐厅里每顿都供应煮鸡蛋),有时一顿吃好几个(多亏他年轻,不怕胆固醇高)。吃不饱怎么办呢?那就只好用甜点来补充了,虽然中国人没有饭后吃甜点的习惯。美国人是吃饱了,还要再塞点儿甜食。甜得发腻的巧克力、冰淇淋、蛋糕、布丁、饼干人人都不忍心拒绝。而且，因为甜食太甜，再吃水果都尝不出甜来了，久而久之，水果就被人们淡忘了。每餐已经高热量的食品，还外加这些令人难以抗拒的甜食，难怪美国的肥胖症是世界最多的几个国家之一。美国人一向忽视蔬菜（做了也不好吃），水果再不多吃，营养均衡问题可想而知。不科学的饮食习惯，对青少年的身体健康有何不良影响，就不必我在这里多说了。

三、No Child Left Behind（不让一个孩子落下）

不知道这一法案的诞生是不是文化冲突之下的产物。自20世纪后期以来，美国就开始担忧她在很多领域里的世界霸主地位。尤其是当美国惊讶地发现，被其他国家吹捧了多年的美国"榜样"式教育，教育出来的学生在世界不具备竞争力的时候，他们开始惶恐。美国媒体公布的统计数字，诸如每年印度毕业的工程专业的学生是美国的多少倍，新加坡高中学生的数学成绩世界领先，芬兰是世界教育水平最高的国家等，更令美国教育界喘不过气来。于是，美国联邦政府组织各州教育部门，研究如何改革现有的教育体制以赶超走在前列的国家，像芬兰、新加坡、韩国、日本、印度和中国，并组团去这些带头兵国家参观学习。经过几年的调查研究，2001年美国小布什总统签署了这个著名的No Child Left Behind（不让一个孩子落下）法案。这个法案是以标准考试为基础的教育改革，具体地说，就是要求每个州建立评估学生基本技能的考试制度（就是我前面提到的州统考制度）。只有全校学生都通过标准考试的最低分数线（不能有一个孩子落下），该校才能获得联邦政府的拨款。要是某个学校不"达标"，该学校将不会申请到必备资金以维持日常运行，屡次没通过州统考的学校，会被勒令关门。

在此要求"威胁"之下，应试教育取代了培养兴趣和创造力的教育方式。为了通过州统考，公立学校开始减少体育课和艺术课的课时，甚至缩短课间休息时间来"练习"考试（一遍一遍地做模拟题）。老师们不得不压缩教学内容，好腾出时

间给学生们讲考题。学生们被枯燥的做题，折磨得失去了学习的兴趣。这种简单效仿其他一些国家，设置标准考试的办法，不但没从根本上改变美国“落后”的教育现状（使美国在世界教育排行榜上提升名次），这一法案反而被教育界或评论家拿来做反面典型（媒体常批评这一法案扼杀了孩子们的创造力，美国教育的整体素质却大大下降了等）。其实，No Child Left Behind 这一法案的初衷是好的——不让任何一个孩子掉队。可惜，到地方执行的时候，有人把“经”给念歪了——过度强调考试的重要性而忽视了原有教育体制的优点。美国这种“激进”的教育改革说明了她在与其他国家的文化冲突中，迷失了自我。就像我当初找不到自己的位置一样，只是盲目地变换方向，最后忘记了自己是谁和自己的优势。庆幸的是，还有很多学校里的一线教育工作者都在正确地理解和贯彻这一法案的实施。像我的第一个学校 SC，从出钱给我买网上英文软件的校长，到给我翻译数学题的数学老师，到义务给我补习英文的退休老教师；我的第二个学校 SD HCP 英语班的英文老师和美术老师；还有我现在就读的 Pomfret 学校的学生 Review 制度（每学期两次，一学年六次，全校老师一起讨论每一个学生的阶段表现，以学习方面为主扩展到生活、纪律、体育、道德、宿舍各个方面。只要某一个学生有一科学习成绩等于或低于 60 分，学校就把他/她放到专门的晚自习的地方，任课教师也义务给补课。必要时，根据学生的需要调整作业或测验的要求）；这三个学校都有“一对一”的家长会制度（家长和老师共同关注孩子的成长,发现问题,尽早解决)。这些人对这些事的这些做法,才是真正地帮助学生赶超主流,并切实地符合 No Child Left Behind 法案的精神——不让一个孩子被落下。

(美国总统小布什在白宫签署 No Child Left Behind 这一法案)

四、宗教信仰

这一章最后,我想谈谈文化冲突之宗教信仰,尽管谈宗教是个敏感的话题。美国的私立学校差不多都有自己的小教堂。我刚来的时候很不习惯(有时对命令式的教堂活动有点儿反感。我觉得美国人“强迫”外国人,信这个,信那个,很不公平)。两年来,通过参加各种教堂活动,我开始逐渐了解一些宗教的基本知识和活动。Rosh Hashanah 是希伯来语“一年之初”的意思,就是犹太教的新年。人们吹羊角号、吃苹果蘸蜂蜜，象征甜蜜一年的开始。人们彼此互说“ShanahTovah”——“新年快乐”。一年中犹太人最神圣的日子就是第七个月的第十天，Yom Kippur ——赎罪日。这一天人们要做一个25小时的礼拜，这25小时之内不吃不喝（连水都不能喝），来悔过、哀悼和祈祷。这个过程叫Fast。我们学校的犹太人老师，还组织一个叫Tashlikh的活动，就是往水里扔面包，象征“摆脱”罪恶的意思。当基督教庆祝圣诞节的时候，犹太教庆祝Hanukkah——光明节，为期8天（传说犹太人打败了希腊人，准备收复圣殿时，发现圣油只剩下一天用的了。然而，那瓶圣油却顽强地燃烧了8天，一直到新油备妥。犹太人认为这是神迹出现，故以后定“修殿节”以纪念），这几天里，任何地方都看到人们点亮“哈努卡灯”（一天点亮一只），到第八天的时候，大家到公共场所聚集，参加点第八只灯的仪式，然后载歌载舞，感恩赞美。

（哈努卡灯）

Ash Wednesday 是基督教的“圣灰星期三”（天主教也有类似的节日）。这一天，牧师用去年此节日用过的棕榈枝烧成的灰，在信众额头上涂上“十”字，作为悔改的象征。Good Friday 就是“耶稣受难日”——“复活节”前的那个星期五（这一天的前一天，星期四，是“立圣餐日”，就是耶稣与众门徒共进“最后的晚餐”的日子）。Good Friday 和 Easter Sunday 就是耶稣基督受死和复活的两个日子。既然是受难日，叫成“Good”好像有点儿不合适。有人相信“Good”是“God”的意思，这个节就是“God Friday”——“神的星期五”。也有人分析，耶稣用殉教来拯救世界，这对世人是“good”。这一天的纪念形式有：人们穿深色衣服；天主教徒祷告时还把蜡烛吹灭，使教堂一片黑暗；然后人们吃“圣餐”，小块面饼（代表耶稣的肉）和小杯红葡萄酒（代表耶稣的血）；肩扛十字架或耶稣塑像游行；上演耶稣受难的戏剧；等等。天主教和东正教也庆祝这个节日，以表示不同教派的团结统一。耶稣受难之日是星期五，传说三天以后，星期天，耶稣复活了，所以复活节叫 Easter Sunday。基督徒认为复活节象征重生和希望。复活节的吉祥物是彩蛋（象征多子多孙，未来的生命就是从“蛋”中“挣脱”出来的。人们把蛋涂成红色，代表耶稣受难时流出的血。每年复活节的第二天，美国总统和夫人都邀请全国各地6岁以下的儿童，到白宫里玩儿滚彩蛋的游戏。来自全国各地的小朋友在家长的陪同下，早早“安营扎寨”在白宫外，等待进“宫”），另外一个吉祥物是兔子（野兔繁殖力强，被认为是优育多产的象征）。民间也有给孩子们玩儿的“寻找彩蛋”的游戏。商场里，有卖各种各样的糖果和巧克力做的彩蛋和兔子。这一天也是阖家踏青郊游的日子。有的人在此节日，打扫房屋，表示新生活从此开始。

（Easter Sunday）

（Ash Wednesday）

我们学校每年圣诞节前几天，在大家离校回家庆祝圣诞节以前，都举行庄严神圣的 Lessons and Carols——由九道日课和圣诞颂歌组成的庆祝活动。全校师生聚集在学校小教堂，由牧师领导、老师和同学代表分别朗读九段圣经发展的故事，中间穿插校合唱团和大家共同演唱的圣歌。最后，教堂熄灭了灯，每个人手中点燃一盏代表希望的蜡烛，烛光照亮了整个教堂，照亮了邻近的朋友，照亮了脚下的路，也给人们的心灵带来了光明与希望。整个活动在和谐温暖的气氛中度过，安详甜美向往，非常令人难忘。

（我们小教堂的烛光夜）

在我们平时的学校生活里，教堂活动也占有一定的分量。我们学校每周两次（一次一节课的时间）全校到小教堂集会（不去的，要给“罚分”）。星期一的，是高四学生的演讲。星期五的，是老师们生活经验的分享，有时还穿插同学们的文艺表演小节目。不管是哪天的演讲，大家都畅所欲言，涉及的宗教话题倒是不多。记得有一次，听到一个犹太学生有关种族歧视的演讲，很诚实很大胆。他说虽然他是白人，可是他的朋友大多数都是黑人。部分原因是他想证明给人们看，他不歧视黑人。另一部分原因是犹太人至今还受到种族歧视，所以与同受歧视的黑人群体交往，更容易被其接受。在大家的分享中，我慢慢地开始喜欢上了这种摧人“自省”和思考的教堂集会活动，并逐渐接受了宗教意义上的罪过、宽容和博爱。

（高四学生教堂演讲）

中国人宣传信仰自由，所以大多数人没有宗教信仰并不奇怪。中国人不太理解宗教主义宣传的“心智健康”的真正含义，就像电影《与狼共舞》中 Kevin Costner 塑造的美国士兵——白人永远不理解印第安土著居民的文化和生活方式一样。我也是一样，在去年暑假读 Lorraine Hansberry 的 *A Raisin in the Sun* 一书时，毫不理解为什么苦难和危机面前，主人公的母亲除了向上帝祈祷“帮助”，并不相信其他外力能改变他们的贫困。虽然我的思想日渐开放，尊重各种宗教信仰，并赞扬宗教的宽容，但是我还是认为，能改变自己命运的只有自己，不是上帝或者神。

6

如何申请美国学校——通用之法则

在本书结束以前，我想利用这一章，把如何申请美国学校的经验跟大家分享一下，希望对有志留美学习的学生有所帮助。不管是申请高中还是大学，本章提出的几点建议都适用和实用。

Welcome
St. Markers!

作为留学生，托福考试成绩要过关自不必说（申请高中过90，申请大学过100）。在校成绩单很重要，特别是能显示出你几年来成绩的上升趋势，更有说服力（当然，全是A更没的说了）。在申请材料中表现你个性的，要数“个人申请文章”了，就是Personal Statement。别忘了，美国人讲究语言简洁，不是文章越长越好，是越短越精越好（两页A4纸足够了）。招生阶段，每天学校招生处的老师要看几十份申请文章。那些泛泛的，不会抓住他们的眼球。在写个人申请文章以前，务必要仔细浏览你要报考的学校的网页。要对学校的历史、使命、专业强项（如果是大学申请）甚至是哪位知名的老师（比如哪位老师最近发表了什么著作，或哪位教授最近获得了什么奖项等）都要有所了解。必要时，在你的申请文章中提及一下。这样，能显出你对要去的学校的关注。记住，美国人欣赏凡事有准备的人（人名一般都是大写字母，本身在文章中就很显眼，再加上你提的人名，是那个学校的知名人士，也是招生处的人熟知的同事。所以，他们就会多看几眼你的文章。可别小看，这多看的几眼，很有可能你就因为这几眼被录取了）。对学校有了一个大概的了解以后，你就开始写你的个人文章。文章里，一定要阐述以下几点：第一，为什么你觉得某某学校适合你？第二，你能给此学校带来什么？（注意，要提及个人和社区的关系）第三，你觉得你有哪些“与众不同”之处？（优点缺点都要说）第四，当提及你的兴趣和爱好时，要说说这些兴趣爱好对你有什么影响？或者你从中学到了什么？不能只简单说，“我喜欢看书”（提提哪本书，你从中得到过什么启示？）或者“我喜欢运动”（为什么是这种运动，不是别的运动？有什么原因或者故事，使你选择了它？）。第五，如果你在学校网上看到了有色人种占学校学生的百分比，比如，Asian 7%，African American 6% 等字样，在你的文章中，不免提提种族多元化 diversity 对你在那个学校接受教育有什么好处？第六，亚洲学生有好多，没出国以前都想好了自己要选哪方面的专业（对申请大学而言），即使是上高中，也有特别感兴趣的某些学科。那在文章中就要表明。特别是你对数学、工程、化学、计算机、医学等方面感兴趣，一定要提。因为美国要吸引和引进这方面的人才。美国人比较看中，心中早有“目标”的学生（美国学生一般到大二、大三才开始想学什么专业）。

个人文章写好以后，要附上一份你的个人简历（主要是有关你的个人特长方面的），不管学校要没要求递。但是，要是你没什么“历史”可展示，就不用了。我指的是，你有没有拿过什么奖项？比较“值钱”的依次有：数学（比如数学竞赛、奥林匹克级别的），科学（小发明，或科学方面的竞赛），音乐（考级证书、表演获奖证书），美术（美术比赛或获奖证书）。作文和英语方面的就不怎么耀眼了。毕竟作文指的是中文，英文再怎么好，也不如人家母语是英文的。

如果你收到面试的通知（对在外国的留学生，很多学校招生办实行电话或者网上视频面试），那说明你已经“入围”了。也就是说，面试效果的好坏，很大程度上决定你是否会被录取。通常进“面试”这一级别的学生各方面水平都差不多。所以，面试时，谁“表现”得好，谁的机会就越大。记住，轻松幽默的对答，能为你增光添色。面试以前，要把你写的个人文章总结成要点（申请材料一定要留有备份），放在手边（如果能熟记就更好了）。因为你能被面试，说明你的文章至少被人反复读过两遍以上。可能面试的人会对你文章中的观点提问，也可能想请你详细阐述一下你文章中提到的某个细节（他们会把画了记号的，你写的文章拿在手上，跟你对话）。所以，你要做到有准备。别等人家问到了，你都不记得你文章里写了什么（要是你“支支吾吾”，人家会以为，文章不是出自你个人之手），另外，因为个人文章里都是正式的书面语，当你为面试总结要点的时候，一定要转换成口语，否则你的面试会显得太“严肃”。人家面试你，就是想看看生活中随和的你和你的应变能力。面试气氛越轻松越能给面试官留下好印象。同时，面试的背景要整洁（如果是视频面试），环境要安静。所以，面试前，整理一下摄像镜头能照到的范围，别弄得乱七八糟的。还有，在无人打扰的房间里能清晰地进行交流为最佳（国际长途本来信号就不太稳定，如果环境嘈杂，会影响对话交流）。最后，这一点很重要，就是问问题。面试的人在结束面试以前肯定会问你，对学校或其他方面是否有问题。你最好事先准备几个问题（当然不是问，像“学校离某某大城市有多远？”或者“天气怎么样?”之类的问题)，而且问的问题越有深度，越能给你的面试画上一个圆满的句号。

有几个方面，中国学生在申请学校以前要加强(或者说“美化”)一下。第一就是运动。这方面，在出国以前要加强，特别是出来读高中的(读大学就不那么重要了)。美国非常注重的有冰球、橄榄球、篮球、棒球、高尔夫球等。橄榄球，咱亚洲人体格不行。棒球，国内找不到教练。篮球，怎么练也玩儿不过人家(人家四五岁就在家后院练投篮了)。可以试试的有冰球、高尔夫球和壁球。如果早有出国的打算，可以找个教练提前学学，这样到了美国，选运动的时候，不至于没选择(在美国，会玩儿体育的，朋友多，交际广。像我，热爱艺术的，朋友圈子比较小)。来美国的亚洲学生体育都不是很擅长，填申请表的时候，体育那一项常常是空白。如果你有这方面的经验，那在衡量两个同等水平的留学生时，你就“突出”了。第二就是社会贡献/社区贡献。多花点儿时间在某些公益组织做做义工。哪怕在家门口的社区做点儿小事儿。比如，去医院帮个忙、去附近小学或幼儿园教教小孩儿英文等(相信要出国留学的你的英文水平，“对付”小孩儿应该没问题吧)。中国那么大，做贡献的机会一定很多。只要多留心，早准备，实施起来还是不难的。这样的“业绩”写到你的个人文章或者简历里，都会为你的申请增添分量。

以上是学生个人能做的。接下来就是老师或熟人给你写的推荐信。在注重诚信的美国，推荐信极其重要。它说明了别人怎么看你。因为，招生办的人不认识你，只能从别人“口中”了解你（招生办的人看推荐信比看你的个人文章还仔细）。所以，推荐信一定要找了解你的人写，把你各方面的特点，用第三方的语气讲述给你要申请的学校。写推荐信，第一要诚实。你知道吗？老美做事认真得很，有的时候，他还真打听你的“背景”的真实性。尤其是，你的推荐信写得“好”得不得了的时候，他们更要确认是否属实。如果你真是那么优秀，他们会马上录取你这个人才。第二要全面。从你的学业、人品、个性、优缺点、潜力等方面都要介绍到。所以，要让人家看到全面发展的你，你就要找不同的人，从不同的角度给你写推荐信。比如，你的老师，可以介绍你的学习情况。某个企业的领导（比如你爸妈的同事），可以描写你的个性或人品。当然，不论谁给你写推荐信，一定是人家对你有足够的了解。有一点，便于“不太了解”你，但是“有资格”（或者是“有力度”）给你写推荐信的人，“更好”地“美言”你的办法，就是把你写的个人申请文章和个人简历给他们一份做参考，请他们在推荐信里“有针对性”地“提及”你的优点，或者至少从你提供的材料中，了解你申请学校的意向和兴趣。第三要有权威性。就是尽可能找到比较有名望的人给你写推荐信（我妈妈以前的一个同事，很牛，早年出来读电影学博士的时候，是吴祖光前辈给她写的推荐信），比如，校长、某企业的董事长之类的。当然，要是没有这样的人选，就免了。千万不要为了“名头”，找一个并不了解自己的人写。最后，提醒大家，推荐信一般都是直接寄往学校招生办，不经过申请个人的手。这样，才有公正性。推荐信内容如果是打印的，落款处要有推荐人的亲笔签名和日期。而且，在装好信封后，还要在信封背面的封口处（压着封口的边儿）再次亲笔签上推荐人的名字，以证实推荐信的真实性有效性。

一切都准备妥当以后，你就要考虑一下实地参观校园了。参观校园时，招生办的人很可能借此机会再面试你一次。要珍惜这次面对面的"表现"自己的机会哟。Eye contact ——眼神交流很重要。不管哪方说话，都要友好真诚地注视着对方的眼睛。目光不要躲躲闪闪，也不要"盯"着人家看，坦白自然就好。参观过程中，要大胆问问题，要认真跟所有接触的人交流，不管见到谁，都热情打招呼，并主动介绍你自己和同行的父母和朋友。这一点，能给人留下"周到""成熟"的印象。你不知道，谁会对招生办的人提起你留给他们的好印象。他们的好话坏话都会对录取你起到作用（我母亲以前应聘过一个学校，面试那天，跟很多学生们谈过话。后来听说，其中有一名学生，在我母亲离开那个学校以后，去了学校的外语系，跟系主任反映，我母亲是个好"人选"，学校应该考虑雇用我母亲）。同样，参观校园的时候，记得把你申请材料中提到的关键和对学校的了解都做个小笔记。校园面试的时候可能会用到（注意，面对面面试你的人，很可能和电话或视频里面试你的人，不是同一个人。所以回答同样的问题，是有可能的）。最后，要是你想快速适应美国生活，尤其是学校生活，而且你的经济实力允许的话，我建议你暑假的时候，来美国学校的夏令营

"实习"一下,适应一下生活中和课堂上的英语语速,熟悉一下老师讲课和留作业的方式,练习一下自己与人合作的能力,接触一下体育和课外活动项目,获得一点儿自信,交几个外国朋友,适应一下宿舍集体生活等。至少参加一个夏令营,有条件的话,可以来两个暑假,一个是来美国上学的前一年的暑假,另一个是马上要开学前的那个暑假。这样,你会准备得比较充分。

在孩子们申请学校的过程中,家长们可以做到的不仅有经济上的支持。家长们应该意识到培养孩子们的一技之长(不仅是学习方面优异)能"鼓励"他们在国外"崭露头角",使他们获得自信的同时,为自己在学生群体中赢得一席之位。另外,家长们应该改变只把目光放到名列前茅的学校上。排名靠前的学校里的学生,学习成绩都好(不管是本国学生还是留学生),因此,学习压力自然就大(你的孩子得好上加好才行。关键是你的孩子是否有持久的动力和潜力,在名列前茅的学校里名列前茅。而且,这持久战会不会对孩子的心理成长造成负面影响等)。其实,选择一个"适合"你们的孩子成长的学校最理想。比方说,你的孩子喜欢科学,到学校网站上看看科学系的老师们的简历,他们的教育背景(比如,哪个老师是从哪所知名大学的科学专业毕业的硕士、博士)会为你"说明",他们的能力和水平,是否足以帮助你的孩子实现他们的"梦想"。甲乙两所学校,乙学校不如甲学校知名,但是他们的科学系的老师更"合格",那就完全没有必要选甲学校(与其在甲学校的压力下"匆匆忙忙",不如在乙学校轻松骄傲地生活）。而且，家长们通常都打算让孩子们大学毕业以后继续读研（如果是本科毕业以后就打算工作的话，那么，有名的本科大学毕业的学生比较好找工作，特别是想回中国发展的，因为中国比较认名牌儿大学）。如果要读研的话，进一个中上流的本科院校就行。因为一般的本科院校的毕业生，都能进入一个一流的研究生院（在美国进研究生院比考本科容易。而且美国大学生，很多人大学毕业以后，都选择先工作两年以后再读研。所以，考研究生的竞争力没有那么大）。最后，想对大家说，人们接受教育不仅是身份地位的象征和标志（比如知识分子受到人们和社会尊敬的现象），更重要的是改善生活质量并寻求人生的真正道理。

以上是我想到的申请学校方面的小“秘诀”。衷心祝愿有志海外求学的同学，申请到心目中的理想学校！写这一章，还要感谢母亲“传授”的有关申请大学方面的宝贵经验！

7
寄　语

正值青春的我只知道：趁我有活力的年华，做我喜欢的事；我在为我自己做事无需别人看管，也并不一定要得到别人的认可；无数次失败，获得一次成功就值得；停下来歇歇，是身心的需要，没必要诚惶诚恐地以为自己掉了队。青春就好比画一幅油画，布好局，一笔一笔地画，要时常站远了，以一个“旁观者”的眼光去审视，必要时搁置几天，再来看看，或许会有新的想法，有时还真得有耐心，因为要等一层油色干透了，才能涂下一层色，否则会毁了前面辛苦的成果。

前面章节所述，不是评论哪个国家的教育好、哪个国家的教育差。教育，这个具有广泛意义的名词，不仅是指学校教育，还包括家庭教育、社会教育（像慈善教育）、组织教育（比如博物馆教育、图书馆教育、夏令营教育）等。而且各国有各国的国情。我在和国际留学生的交流中了解到：日本家长对教师的尊重；韩国有些学校目前还有体罚的现象；俄国考试制度的残忍；德国职业中学与晋升普通高中的轨道分化；英国的教学严谨和法国高考的竞争压力，都是在本国特色下形成的产物。虽然，每年中国都派遣各等级教育机构来美国参观和学习，可是目前，美国教育部的参谋团，也正在积极向东方国家取经。比方说，美国教育部副部长安东尼和新东方教育集团董事长俞敏洪先生的交流，还有中国国家“汉办”举办的“汉语桥”和孔子学院吸引了数百名美国中小学校长和教育局局长来中国参观学习。相信由教育带动的中美间的交流与合作，会更加加深两国对彼此的了解。近些年来，美国各州的教育局，都组织学

（电影《两百万分钟》海报和它的主人公们）

校的师生们观看并讨论2*MM*（Two Million Minutes——两百万分钟）这部在美国非常流行的纪录片（母亲说，她在美国Bucknell大学教育系读研究生的时候，就专门跟大学里的教授讨论过这部电影。后来工作过的每所学校的师生们都在看。她参加过的很多次交流会议上，人们也在讨论它），片中记录了三对来自美国、中国和印度的高中生们，最后一年备考大学的真实生活（片中的一男一女两名中国高三学生都来自上海）。美国的教育者们在研习亚洲的教育制度和亚洲学生成功的原因，并希望用这部电影来教育、激发美国的在校学生向中国和印度的学生学习。

书写到这儿，想对青少年们说几句。

——给青少年的话：

交流至关重要。举个例子，我和母亲有一个习惯，就是看完一个电影以后（我们俩经常一起看电影），互相交流一下彼此的看法。有时是针对电影的结局，有时是对电影里的一句经典台词，更多的时候是讨论电影的情节和导演的手法。我对 *The Red Violin* 中鉴定员调包那把价值连城的红色小提琴的结局的另类分析，让母亲对我的分析深度佩服得五体投地，从此她把我当大人看，遇到什么事也征求一下我的看法。在对 *Crash* 的导演技巧和对剖析社会问题深度的赞同上，我和母亲觉得彼此站在同一个阵营里。在看了三遍 *Mao's Last Dancer* 以后，母亲了解到我对跳舞的兴趣并支持我学跳舞至今。母亲在工作中遇到不顺心的事，回家跟我叨咕叨咕，我听听劝劝，她就好多了。同样，我读了什么好书，碰到好的句子，给我母亲念出来，让她感受一下我的感受。要是学校班级发生了什么好笑的事儿，碰到什么糟糕的心情，我也拿出来说一说。交谈中我们变得更依赖、更理解、更钦佩、更关爱。

(电影 *Mao's Last Dancer* 宣传照片)

学会感激——这也是我们必上之课。前面我讲过,我曾经为我们学校的老师们画肖像画。有两个动力支持我做完这项"伟大"的工程:一是,我想用自己的双手挣来的钱,回报我的学校提供给我一个良好健康的受教育的环境;二是,我要感谢栽培我的老师们——我的主科老师、科任课老师、教过我的老师、别的班级和别的同学的老师、教室里的一线工作者、招生处和发展办公室里的工作人员等。心存感激的我,并没按照教师职别的高低(先画校长、副校长,再画其他老师),也没遵循与人的熟悉程度这一惯例(教过我的先画,后画跟我没打过交道的)。相反,我先画那些对我"意见"最大、给我"建议"最多、我在他的/她的课上"挣扎"过的老师们。这些人并不知道我用这种特殊的方式,来感谢他们给我的批评的话语和鼓励，并表达他们在我心中的重要地位。我也不需要让他们知道这种悄悄的、发自我内心的真诚的感激！有一个喜欢用录像机录下人间美丽的人，有一天他看见墙角一个废弃的白色塑料袋随风“起舞”，他就拍了下来。他觉得塑料袋“跳舞”跳得很好看，一会儿飘起一会儿落下，离他的镜头忽远忽近，像是一个小朋友在他面前嬉戏，请他跟她一块儿玩儿。可是风停了，“舞”停了，美没了。他就感叹人间美丽之短暂。从此，他更加珍爱他所拥有的一切。我希望这个感动过我的小故事，能给广大青少年们一点儿启示：感激你们拥有的一切吧！特别是要感激你们的父母们！不要等到为人父母之后，才体会那句“可怜天下父母心”的俗语。

我7岁的时候，母亲离开我，一个人到美国读书工作。当时我还不到母亲的肩膀高。等我来美国那年（13岁），她到纽瓦克机场来接我的时候，我都高过母亲了。在机场，我们俩彼此都没敢相认。母亲走的那几年里，只有头两年的暑假回过家两次，每次只待两个多月。从那时起，我就特别珍惜和她在一起的时光。睡觉的时候挨着她（直到现在，我有什么心里话想跟她说的时候，还习惯地躺在她的身边跟她说说），早上起来，帮她把牙缸里接好水，把牙膏都挤好。上桌吃饭先把好吃的，每样给她夹点儿。她买菜的时候我帮着拎。特别是她每次快回美国的时候，我尤其舍不得。每天起得比她还早，然后就看着熟睡的母亲，心想，要是妈妈能再多待些日子该多好啊！母亲早上一睁眼，看见我在看她，就问，“看啥呢，儿子？”

我说，“看你呢，怕我睡着了，一觉醒来，就看不见你了。人家的妈妈，天天都能看着，我的妈妈，是看一眼，少一眼啊。所以我得多看看。”妈妈听了就哭。后来那几年，妈妈暑假没机会回来，我们就打电话，写邮件，上网聊天。交流中我们互问温暖，我妈妈给我唱生日歌，讲美国的新鲜事儿，我给她念我写的作文，告诉她运动会我跑第几名，考试打多少分儿。天南地北，我们从未觉得疏远。我深深地感激那六年的离别，让我学会了等待、珍惜、报答、思念和成熟。来美国以后，母亲为了支持我探索艺术领域（学各种我感兴趣的一对一的课外课），省吃俭用（这些年从没见她买过新衣服，每次去超市都精打细算，餐桌上丰富营养的东西尽我享用，自己却以“减肥”为由吃得很少）搭上人力、物力和时间（为我找好老师，经济上负担得起的老师，开车接送我上下课，为我安排演出），却从未抱怨过。这种支持是经济上精神上的支持，也是体力精力上的耗费，更是无怨无私的奉献和牺牲。她为了什么？只为我快乐！这单一质朴的理由和强大的动力背后，就是那几世纪也歌颂不完的爱。这是老外永远也做不到、不甘心做、也理解不了的牺牲，只有在亚洲父母身上才看得到。我相信我的母亲和你们的父母一样，只是千百万慈爱辛苦的父母中的普通一员。“父母”二字代表着责任、关爱、牺牲和奉献，可要是我们懂得感激，并表达出这种感激（简单一句“谢谢”，抽点儿时间整理一下屋子，做饭的时候在厨房打打下手，手机费悠着点儿花，空闲的时候打个电话问候一下父母，天寒天暖时给父母提个醒儿，太多的小事儿都能表达我们的感激)，让他们的心不再“可怜”，那我们将改写“可怜天下父母心”这句话！

责任感的培养也很重要。我的责任感的培养，是从饲养照顾三只荷兰猪开始的(当然，并不是非得养宠物才能培养责任感)。后来在给别人看猫浇花等小事中得到了进一步锻炼。有一次，我给我们副校长家浇花。她全家去外州探亲一个礼拜。她家有一个大花园，几个分散的小菜园(我们这儿是乡下，家家都有绿地，愿意种什么就种什么)还有屋前几个“迎宾”大花盆里的植物，外加她家室内的吊兰什么的，任务不轻呢。接过她手中的钥匙，我感觉到那份“沉甸甸”的信任。她家的花园和菜园是分开的，用一个巨大的“水枪”光浇一处就得一个多小时，换另一处再浇一个小时。期间用水桶浇屋前屋里的花。每天全浇一遍，得两个多小时。怕把花浇涝了(忘了关水龙头)，我用手机定上闹钟，一个小时换一个地方。忙得不亦乐乎。过了三天，刮风下大雨，发现有的野百合“弱不禁风”地“趴”下了。我又是心疼(想把它们“扶”起来)又是害怕(怕人家说我没干好工作，人家那么信任地把“家”都交给我了)，一会儿跑到东倒西歪的野百合旁不知所措，一会儿问妈妈用不用给人家写封邮件解释一下。妈妈看着我那份认真劲儿，又好笑又欣慰。校长回来后，很高兴地给了我一个信封，里面是一张感谢卡和140块钱(我就是用这140块钱当的资金，开创了我的饺子生意)。正是这些照顾动植物，不起眼儿的小事儿，锻炼了我强烈的时间感和责任心。有“物”能因我的疏职，而挨冻受饿甚至死亡。这责任不够重大吗？话说回来，这么点儿“小事儿”都做不好，还能做什么“大事”呢？你们可能说，孩子能有啥责任感？那，我来给你们提个醒儿。第一，学会判断什么事该做，什么事不该做。做该做的，而且按轻重缓急地去做。不该做的，你还做，就是不负责任。第二，说了就做，而且要按自己的最大能力去做，要么别说，说了不做，就是不负责任。第三，忠实于感情、亲情和友情。不随他人和外界的干扰而游移自己的情感。第四，相信自己。相信自己有能力去做，并有能力完成自己想做的事；相信自己的判断力和决策力；相信自己能承担后果；相信自己的重要。这些都是对自己负责。第五，予己予人机会。允许自己犯错，也原谅他人的错。在失败之后，再多给自己几次接近成功的机会。我们虽然达不到顾炎武的“天下兴亡，匹夫有责”的境界，但做到以上五点还不是强人所难吧。

最后想跟我的同龄人聊聊，人生有多少青春可以浪费？有人说，青春应该挥霍；也有的人说，青春不怕挥霍；还有的人说，青春经不起挥霍。他们这样那样说，肯定有他们的道理。如果我知道“青春到底有几年？”的答案，或许我就可以指出，我同意以上哪个观点。有那个时间找寻这个问题的答案，不如好好安排一下我现在的生活。正值青春的我只知道：趁我有活力的年华，做我喜欢的事；我在为我自己做事无需别人看管，也并不一定要得到别人的认可；无数次失败，获得一次成功就值得；停下来歇歇，是身心的需要，没必要诚惶诚恐地以为自己掉了队。青春就好比画一幅油画——布好局，一笔一笔地画，要时常站远了，以一个“旁观者”的眼光去审视，必要时搁置几天，再来看看，或许会有新的想法，有时还真得有耐心，因为要等一层油色干透了，才能涂下一层色，否则会毁了前面辛苦的成果。知道这些道理，离“大家”（大画家、大思想家的“大家”，不是“大家伙”的“大家”）就不远了。

还有几句话想留给家长们，请听听我们青少年的心声。

——给父母的话：

尊敬的家长们，你们向你们的孩子们承认过错误吗？比方说亲口说句“对不起，我错了”（像你们经常听到，或者期待听到我们说的，有时是我们被迫对你们说的）。我发现，我说一声“对不起”，作用不小，最起码能“堵住我妈妈的啰唆，或遏制她的愤怒”。其实，大人们的这句话对我们很重要。不是因为你们说了，你们就矮了一截，没了大人的尊严，也不是因为我们听了，就觉得胜利了。是那种平等、得到尊重和理解的感觉，能润滑我们之间的沟通。沟通顺畅了，你们期待的“我们听你们的话”的效应才会产生。所以，沟通要讲究策略，不是要你们变成“元芳，你怎么看？”也不是要你们降下尊严，低三下四地赔礼道歉。而是请你们真诚**平等地对待我们，考虑我们青少年的接受程度，尊重我们的想法和做法。**

老话说，“儿孙自有儿孙福”。我们有我们自己的将来。不要把你们的将来强压在我们身上，或者让我们完成你们的心愿。成功的父母是根据自己走过的路，来启发教育子女走他们自己的路，而不是灌输子女完成父母们未尽的圆满之路。走在我们自己选择的路上，看到自己的影子，是一种惬意，看到自己的脚印，有一种踏实，看不清前面的路，是正常的，走错了再折回来，记忆会更扎实。是应该悬崖勒马还是另辟蹊径，不试怎么知道？而走在你们已经走了一半的路上（或者是走在你们为我们"设计"的路上），看到的是你们的影子和脚印。你们的成功，有时带给我们恐惧，阻碍我们更大胆的尝试；你们的失败，会暂时"保护"我们（不蹈"前车之辙"），却没有我们自己失败的警钟敲得响亮。所以，**让我们做我们自己。**

忽视和淡漠是造成"代沟"的罪魁祸首。两代人之间的"距离"是因为父母跟不上"潮流"了而产生的吗？不是。不是因为父母们不上"人人网"，孩子们就没啥话跟他们聊的了，也不是父母们在高科技上的笨手笨脚，令孩子们觉得他们落伍了，更不是孩子们的思想"先进"得不能接受家长们"老掉牙"的建议了。要是哪对儿父母跟孩子的共同语言越来越少了，很大程度上是因为，他们不再像以前那么关心彼此了，不再对对方做的事像以前那么感兴趣了。比方说，小的时候，家长们在幼儿园门口翘首企盼孩子们"放学"，孩子们迫不及待地"冲"向父母们的怀抱。孩子在回家的路上津津有味地讲述一天的新闻，父母饶有兴趣地听。孩子兴致勃勃地教父母儿歌和算术，父母乐陶陶地学。他们为什么那么快乐？因为父母们把自己"降低"到了孩子的地位（所以他们不觉得算术简单，儿歌天真）。这样的天伦之乐到小学就减半儿了吧？快乐轻松的话题，多半儿被询问孩子的成绩取代了。而且，不知从什么时候起，家长对孩子成熟的期待值，一下子就提高了（家长们嘴边常挂着一句，“你都成大人了，怎么还这么不懂事？……”），其提高的速度与孩子们的真实能力和成熟度一点儿都不匹配。孩子们所犯的一些“幼稚”的错误，慢慢地变成了“不可饶恕”的“恶习”。这些“恶习”令“不理解”的父母们抓狂、暴躁。更糟的是，孩子们也不知道为什么他们“屡次犯错却不改”。（比如，“马虎”这一毛病——如果知道了，不就改了吗？）久而久之，父母与孩子之间的亲密就慢慢疏远变淡了。最终导致二者之间由保持缄默到变成路人。要想缩短“代沟”带来的距离，父母应该像小的时候对待孩子那样：**蹲下来，跟孩子平视，对孩子们所做的事儿感兴趣**。而且这样做，孩子们脸上的喜怒哀乐就不容易被忽视掉了。

以上我对青少年的话，就像我给我的兄弟姐妹们说的心里话。对家长们吐露的心声，就好比我在跟我父母倾诉。言语虽平白，却是我的真情实意。真诚感谢各位读者的宽怀！

最后声明

以上写了整整一本书，都是关于美国教会了我什么。书中既不是对哪个国家的教育之好坏进行品评，也没有为哪所学校宣传或故意贬低哪所学校。只是实事求是地讲述了我所经历的一切和我的思考以及我的看法。我相信，随着年龄和阅历的增长，我会有机会观察得更深更远，并会发表更客观更有见解的评论。

有人会问，"难道中国就没教会你什么吗?"我这里郑重肯定地回答："当然有。祖国母亲教会了我太多太多的东西！几本这么长的书也歌颂不完！吃苦耐劳，勤奋勤俭，勇敢聪慧，谦虚慎行，善良孝顺，豁达有礼等。我正是带着我学到的中国人的优良品质，并结合我现在正在学习的西方国家的优秀品质，追求着更美好的生活！"

参考文献

汉语桥

Gladwell, M. 2008 *Outliers*—The Story of Success. Little, Brown and Company. New York.

Hansberry, L. 1994 *A Raisin in the Sun*. Vintage Books. New York.

Harris, M. 1998 *Good to Eat: Riddles of Food and Culture*. Waveland Press Inc. Illinois.

Medina, J. 2008 *Brain Rules*—12 Principles for Surviving and Thriving at Work, Home, and School. Pear Press: Seattle, WA.

O' Brien, T. 2009 *The Things They Carried*. Houghton Mifflin Harcourt Publishing Company. New York.

Online resources(名人名言大全)

http://www. aisixiang. com/data/2843. html.

http://blog. sina. com. cn/zhirong.

http://www. boston. com/2014/04/15/bdc – bostonstrong-start/paU4PMYxb4ayBUwcvBKAQK/story. html.

http://www. courant. com/community/newtown/hc –

newtown – dancing – traffic – agent – 20140617,0,1268195. photogallery.

http://www. huffingtonpost. com/kashif – n – chaudhry/boston – we – bleed – boston – bombing_b_5141015. html.

Wikipedia

http://www. washingtonpost. com/wp – dyn/content/article/2006/02/21/AR2006022101842. html.

www. lz13. cn.

https://pomfretschool. org.

(所有有关 Pomfret 学校的信息和照片均来自学校官方网站)

图书在版编目(CIP)数据

留美酸辣汤:不一样的美国高中生活 / 彭硕楠著.
—北京:法律出版社, 2015.4
ISBN 978 - 7 - 5118 - 7879 - 3

Ⅰ. ①留…　Ⅱ. ①彭…　Ⅲ. ①高中生—学生生活
Ⅳ. ①G635.5

中国版本图书馆 CIP 数据核字(2015)第 081182 号

留美酸辣汤:
不一样的美国高中生活

彭硕楠 著
手绘设计:彭硕楠

责任编辑 刘秀丽
装帧设计 贾丹丹

开本 A5
印张 8　**字数** 140 千
版本 2015 年 6 月第 1 版
印次 2015 年 6 月第 1 次印刷
出版 法律出版社
编辑统筹 独立项目策划部
总发行 中国法律图书有限公司
经销 新华书店
印刷 北京嘉恒彩色印刷有限责任公司
责任印制 张建伟

法律出版社/北京市丰台区莲花池西里 7 号(100073)
电子邮件/info@ lawpress. com. cn
销售热线/010 - 63939792/9779
网址/www. lawpress. com. cn
咨询电话/010 - 63939796/9632

中国法律图书有限公司/北京市丰台区莲花池西里 7 号(100073)
全国各地中法图分、子公司电话:
第一法律书店/010 - 63939781/9782
西安分公司/029 - 85388843
重庆公司/023 - 65382816/2908
上海公司/021 - 62071010/1636
北京分公司/010 - 62534456
深圳公司/0755 - 83072995

书号:ISBN 978 - 7 - 5118 - 7879 - 3
定价:48.00 元
(如有缺页或倒装,中国法律图书有限公司负责退换)